GISELA BABEL

Probleme der abstrakten Normenkontrolle

Schriften zum Öffentlichen Recht

Band 25

Probleme der abstrakten Normenkontrolle

Von

Dr. Gisela Babel

DUNCKER & HUMBLOT / BERLIN

Inhalt

Einleitung

Nach Art. 93 I Nr. 2 GG entscheidet das Bundesverfassungsgericht über die Vereinbarkeit von Bundes- oder Landesrecht mit dem Grundgesetz oder von Landesrecht mit Bundesrecht. Seine Feststellung hat Gesetzeskraft, § 31 II BVerfGG. Das Verfahren wird eingeleitet durch den Antrag der Bundesregierung, einer Landesregierung oder eines Drittels der Bundestagsabgeordneten. Dazu muß eine den Entscheidungsgegenstand betreffende Voraussetzung erfüllt sein, es müssen Zweifel oder Meinungsverschiedenheiten über die Vereinbarkeit der Norm mit höherrangigem Recht bestehen. Darüber hinaus bestimmt § 76 BVerfGG, daß ein Antragsberechtigter die Norm entweder für unvereinbar und nichtig halten muß, oder aber für gültig, nachdem bestimmte staatliche Stellen die Norm außer Anwendung gelassen haben.

Diese Gesamtregelung der Zulässigkeitsvoraussetzungen wirft eine Reihe von grundsätzlichen Fragen auf: Welchen Zweck muß der Antragsteller verfolgen, welche rechtlichen Interessen müssen vorliegen, welche rechtlichen Beziehungen sind entbehrlich? Sodann: Was sind Zweifel oder Meinungsverschiedenheiten, wann liegen sie vor und wer ist an ihnen beteiligt?

Die Klärung dieser Fragen hat nicht nur theoretisches Interesse, sondern auch erhebliche praktische Bedeutung. Denn erst hiernach läßt sich beurteilen, ob § 76 BVerfGG mit der Verfassung vereinbar ist oder nicht. Im Schrifttum wird heute zunehmend die Ansicht vertreten, daß die Vorschrift die Zuständigkeit des Bundesverfassungsgerichts rechtswidrig beschränke und daher nichtig sei.

A. Der Zweck der abstrakten Normenkontrolle

Die Entscheidung der oben umrissenen Probleme hängt maßgeblich davon ab, welchen Zweck die abstrakte Normenkontrolle verfolgt. Bei zahlreichen Einzelfragen kommt es darauf an, von welchen Prämissen ausgegangen und welche Zweckvorstellung zugrunde gelegt wird. Daher scheint es geboten, diese Vorstellung vorweg darzustellen und, ohne nähere Begründung, den Sinn der Normenkontrolle aufzuzeigen.

1. Bei der Kontrolle der Normen handelt es sich um die Kontrolle staatlicher Akte, vor allem von Akten der Legislative. Für diese Akte enthält das geltende Recht Regeln, die sowohl den Erlaß als auch den Inhalt betreffen[1] und die, soweit sie nicht bloße Sollvorschriften sind[2], die Gültigkeit der Norm bedingen. Verstößt eine Norm gegen diese Regeln, dann ist sie nichtig[3], weder die Staatsorgane noch die Verwaltungsbehörden, weder der Bürger noch die Gerichte dürfen sie beachten. Das in ihr geforderte Verhalten muß nicht erbracht und darf nicht erzwungen werden. Da die Rechtswidrigkeit häufig nicht offenkundig ist[4], besteht die Gefahr, daß eine rechtswidrige Norm trotz ihrer Nichtigkeit Anwendung und Beachtung findet und damit in einem vordergründigen Sinne „gilt"[5]. Dadurch wird aber die Rangordnung der Normen durchbrochen, der Vorrang der entgegenstehenden höherrangigen Vorschrift mißachtet, das Ordnungsgefüge gefährdet. Dieser Gefahr begegnet die Entscheidung des Bundesverfassungsgerichts, wenn

---

[1] Demgemäß unterscheidet Art. 93 I 2 GG förmliche und sachliche Vereinbarkeit: *Ipsen*, Richterliche Prüfungszuständigkeit S. 20 greift die Unterscheidung zu Unrecht als „weder logisch noch fruchtbar" an.

[2] *Nawiasky*, Bayerisches Verfassungsrecht (1923) S. 373.

[3] Arg. 100 Abs. I Satz 1: „Gültigkeit", und die herrschende Meinung: *Bachof* AöR 87, 32; *Bettermann* ZZP 72, 32 (40, 41); *Goessl* S. 215; *Arndt* NJW 1959, 2145 (2146); BB 1960, 993; *Maisch* NJW 1959, 1475 (1476); *Müller* DVBl. 62, 162 ff.; *Hamann* NJW 1959, 1465 (1467).
A. A. *Götz* NJW 1960, 1177 (1179); *Rönitz* NJW 1960, 226 (227); *Hoffmann* JZ 1961, 193 (198).
Kritisch *Rupp* JuS 1963, 469.

[4] Die von *Bachof* VVDStRL 12, 54 zitierte Formulierung von O. W. Holmes, daß eine Norm verfassungswidrig ist „wenn ein vernünftiger und gerechter Mann ihre Verfassungswidrigkeit notwendig zugeben muß", trifft wohl nur die seltenen Fälle offenkundiger Verfassungswidrigkeit.

[5] *Zuck* DöV 1962, 658. Unterscheidung von gültigen und geltenden Normen auch bei *Bettermann*, Grundrechte III/2 S. 533.

sie die Nichtigkeit der rangverstoßenden Norm allgemein verbindlich
feststellt, denn danach ist eine rechtmäßige Anwendung der für nichtig
erklärten Norm unmöglich. Das Normenurteil dient also dem Schutz
der Rechtsordnung vor nichtigen Rechtsnormen[6], es gewährleistet die
Integrität der Normenstufen, die Rechtmäßigkeit des Rechts.

Da die Möglichkeit der Unvereinbarkeit bei keiner Norm des
Bundes- oder Landesrechts von vornherein ausgeschlossen ist, dient
dem Schutze der Rechtsordnung aber auch diejenige Entscheidung, die
zu dem Ergebnis der Vereinbarkeit gelangt: Sie bestätigt die Norm
als gültigen Bestandteil des objektiven Rechts und sichert dieses vor
Nichtanwendung.

2. Diesen Schutzzweck hatte das Bundesverfassungsgericht im
Auge, als es von der grundsätzlich negativen Zielrichtung der Normenkontrolle sprach[7]; geht es doch hier um die Feststellung nichtiger
Normen, die aus dem Rechtsleben auszuscheiden sind. In diese Richtung
zielt auch das Schlagwort vom Bundesverfassungsgericht als dem
„Hüter der Verfassung"[8]. Da nach Art. 93 I 2 GG auch die Vereinbarkeit von Landesrecht mit Bundesrecht zu prüfen ist, so wird die
gesamte Bundesrechtsordnung[9] geschützt; das Bundesverfassungsgericht
fungiert als Hüter der Bundesnormen. Aber es wäre zu einseitig, nur
diesen Zweck der Normenkontrolle anzuerkennen. Die Feststellung des
Bundesverfassungsgerichts, die auch bei der positiven Entscheidung Gesetzeskraft hat[10], beseitigt nicht allein alle bestehenden Zweifel, sondern beugt auch künftigen Zweifeln vor. In der wichtigen Frage der
Normenkollision ist damit Rechtsgewißheit und Rechtssicherheit geschaffen[11]. Dies erscheint im Rechtsstaat um so dringlicher, als durch
die vielfältigen Möglichkeiten der Normprüfung bei Gerichten und Verwaltungsbehörden[12] und durch die Rechtsbehelfe des Bürgers gegen

---

[6] *Lechner*, Grundrechte III/2 S. 659; *Schäfer*, Verfassungs- und Verwaltungsgerichtsbarkeit S. 161, 162.

[7] „Auch die abstrakte Normenkontrolle nach dem Grundgesetz setzt in
der Regel mit dem negativen Ziel der Nichtigerklärung der Norm e in",
BVerfGE *2*, 143 (158); BVerfG *3*, 225 (236) spricht ähnlich von der abweh-
renden Funktion der Normenkontrolle.

[8] Vgl. BVerfGE *1*, 184 (196).

[9] *Renck*, DöV 1964, 1 (3).

[10] Das positive Normenurteil im Verfahren des § 47 VwGO soll nach h. M.
nicht allgemeinverbindlich sein. Dagegen *Bettermann* AöR 86, 161 Anm. 53 a.

[11] Vgl. BVerfGE *1*, 396 (413), wo als Zweck der Normenkontrolle angesehen wird, „durch Klärung der verfassungsrechtlichen Lage dem Rechtsfrieden zu dienen".

[12] Über die sehr strittige Frage des Prüfungsrechts von Verwaltungsbehörden s. *Bachof* AöR 87, 1 ff., mit Nachweisen.

nichtige Vorschriften[13] das Vertrauen in die Rechtmäßigkeit und Be-
ständigkeit der Normen eher schwindet.

3. Jedes Normenkontrollverfahren dient also zugleich dem Schutz
der Rechtsordnung und der Schaffung von Rechtsgewißheit. Diese
Zweckbestimmung trifft auch für das konkrete Normenkontrollverfahren nach Art. 100 I GG zu, wonach das Bundesverfassungsgericht, angerufen durch ein anderes Gericht, gleichfalls Normen prinzipal für vereinbar oder für unvereinbar und nichtig erklärt. Auch hier wird die
Rechtsordnung geschützt, auch hier dient das Urteil der Rechtsgewißheit. Das Bundesverfassungsgericht meint aber[14], daß bei der konkreten
Normenkontrolle die Aufgabe des Verfassungsschutzes zurücktrete
hinter dem Schutz des Gesetzgebers vor der Nichtanwendung seiner
Normen durch „einfache" Gerichte[15]. Ob das zutrifft oder ob Art. 100
I GG nicht vielmehr die Normverwerfung deshalb beim Bundesverfas-
sungsgericht konzentriert, um abweichende Inzidententscheidungen der
Instanzgerichte zu vermeiden[16], sei dahingestellt. Jedenfalls zeigt das
Beispiel der konkreten Normenkontrolle, daß die Betrachtung des
Gegenstandes und der Wirkung einer verfassungsgerichtlichen Entscheidung nicht ausreicht, um den Zweck des Verfahrens nach Art. 93
I 2 GG vollständig zu bestimmen. Dazu muß auch die Person des Antragstellers einbezogen werden. Den Charakter der abstrakten Normenkontrolle prägt auch die Auswahl der Antragsteller[17]. Doch wird sich
zeigen, daß deren Interessen dem oben umrissenen Zweck untergeord-
net sind[18]. Das Verfahren dient also der Ausmerzung nichtiger Normen
und soll Rechtsgewißheit bei Normenkollisionen und damit Rechtssicherheit schaffen. Es ist am Schutz der objektiven Rechtsordnung orientiert
und läßt sich damit als *objektives Verfahren* bezeichnen. Zwar dient
zugleich jedes — auch das subjektive = subjektivrechtliche — Verfahren
dem Schutz des objektiven Rechts. Entscheidend für die Abgrenzung
zwischen subjektiv- und objektivrechtlichem Verfahren ist aber, ob das

---

[13] s. u. S. 69 ff.

[14] BVerfGE *1*, 184 (195). Kritik dieser Auslegung eingehend bei *Rädle*,
Die Beschränkung der Vorlagepflicht nach Art. 100 Abs. 1 GG auf förm-
liche Gesetze und die Grundlagen dieser Auslegung in kritischer Sicht,
Diss. 1964.

[15] Sogenanntes „contempt of Parliament".

[16] Das war eines der Argumente gegen das richterliche Prüfungsrecht in
der Weimarer Zeit gewesen, s. etwa *Thoma*, AöR 43, 270; *Poetzsch*, DJZ
1926, 1269; *Jellinek* VVDStRL 2, 38.

[17] Das zeigt die Formulierung *Bachofs* DöV 1964, 12, daß es Zweck der
abstrakten Normenkontrolle sei, „bestimmte Rechtsfragen von erheblicher,
insbesondere politischer Tragweite einer ... Klärung ... zuzuführen".

[18] s. unten S. 51.

Verfahren auch den Schutz subjektiver Rechte oder ausschließlich die Bewahrung des objektiven Rechts bezweckt[19]. Eben diese Ausschließlichkeit kennzeichnet die abstrakte Normenkontrolle des Art. 93 I 2 GG.

---

[19] Vgl. dazu *Goessl*, S. 173; C. *Arndt*, AöR 87, 197 (209).

B. Der Antragsteller im objektiven Verfahren der abstrakten Normenkontrolle

I. Antrag, Antragsteller und Antragsrecht

1. Bei der Einrichtung eines objektiven Verfahrens hat der Verfassungsgeber die Frage zu lösen, wie das Verfahren in Gang kommt. Das Bundesverfassungsgericht hütet die Verfassung und das Bundesrecht nicht von Amts wegen und in eigener Initiative, sondern ist als Gericht passiv[20] darauf angewiesen, daß ihm die bedenklichen, an der Rechtsordnung rüttelnden Fälle zur Entscheidung herangetragen werden. Die Passivität ist ein Kennzeichen der rechtsprechenden Gewalt, zu der auch das Bundesverfassungsgericht gehört[21]; sie macht die Neutralität des Gerichts sichtbar. Für den Verfassungsgeber besteht nun die Schwierigkeit darin, die Antragsteller so auszuwählen, daß sowohl die Praktikabilität des Verfahrens als auch die Wirksamkeit der Kontrolle gewährleistet sind.

2. In den Verfahren des subjektiven Rechtsschutzes kann man die Personen, denen der Rechtsweg eröffnet wird, nach ihren geschützten Interessen[22] bestimmen und das Ausmaß des Rechtsschutzes nach der Schützwürdigkeit dieser Interessen. Im objektiven Verfahren fehlt es dagegen an diesen den Gesetzgeber erhellenden Interessenlagen. Die Normenkontrolle dient unmittelbar der Erhaltung der Verfassungsordnung. Daran besteht ein allgemeines öffentliches Interesse, besonders an der Rechtmäßigkeit von Normen, die unter allen Staatsakten die größte Wirkungsbreite haben. Von der Interessenlage aus gesehen müßte daher jedermann befugt sein, die Normenkontrolle in Gang zu bringen: Jeder Bürger, jede Behörde, jedes Staatsorgan. Dies führte aber zu unliebsamen Konsequenzen. Das Verfassungsgericht könnte

---

[20] BVerfGE 1, 184 (195); *Marcic*, S. 358; *Kalkbrenner*, DöV 63, 47.

[21] Passivität als Merkmal der Neutralität: *Bettermann*, Gedächtnisschrift für W. Jellinek (1956), S. 371/2.

[22] Regelmäßig wird dem am strittigen Rechtsverhältnis Beteiligten Rechtsschutz gewährt. Feststellungsklagen über Rechtsverhältnisse Dritter und das Prozessieren in Prozeßstandschaft sind Abweichungen von dieser Regel und erfordern für ihre Zulassung ein besonderes Interesse; BGH LM Nr. 4 zu § 325 ZPO; RG 166, 218 (238); 148, 146 (148); *Stein-Jonas-Schönke* I 3 b vor § 50 ZPO; *Pohle*, MDR 56, 154; *Henckel*, S. 108 ff; *Blomeyer*, ZPR S. 210; C. *Arndt*, AöR 87, 197 (206).

unter der Fülle unproblematischer Normprüfungen nicht schnell und gründlich genug die Feststellung wirklicher Normverstöße treffen, die Normenkontrolle würde zu einer erleichterten und erweiterten Verfassungsbeschwerde gegen Gesetze, bei der die heute geltende Voraussetzung einer eigenen, gegenwärtigen und unmittelbaren[23] Grundrechtsverletzung entfiele.

Die Begrenzung der Antragsteller auf Bundesregierung, Landesregierungen und Bundestagsabgeordnete in Art. 93 I Nr. 2 GG tritt dieser Ausweitung der Normenkontrolle zur Popularklage entgegen. Das Antragsrecht hat also zunächst den negativen Zweck, die Allgemeinheit auszuschließen[24]. Ob damit die besonderen Interessen dieser Antragsteller an der Normenkontrolle wichtig werden, ist später[25] zu erörtern. Zunächst ist zu fragen, wie sich die Auswahl gerade dieser drei Antragsteller erklärt.

3. Daß ein der Kontrolle von Normen und Normsetzungsakten dienendes Verfahren gerade von solchen Organen eingeleitet wird, die an der Schaffung der Normen maßgeblich beteiligt sind, mag zunächst erstaunen. Es drängt sich die Frage auf, ob hier nicht der Bock zum Gärtner gemacht wird.

Zwei Überlegungen erklären die Auswahl. Einmal könnte der Verfassungsgeber von der Teilung der legislativen Gewalt ausgegangen sein, von der Teilung zwischen Bund und Ländern einerseits und zwischen den verschiedenen, an der Gesetzgebung beteiligten Staatsorganen andererseits. Der Expansionsdrang dieser verschiedenen Gesetzgeber und die zwischen den Rechtssetzungsorganen bestehenden politischen Rivalitäten[26] begründen nämlich die Neigung zur gegenseitigen Kontrolle[27, 28], wobei aber die Kontrolle hier mit Hilfe des neutralen Verfassungsgerichtes[29] ausgeübt wird. Die Verfassung be-

---

[23] Über diese unklaren Zulässigkeitsvoraussetzungen bei der Verfassungsbeschwerde gegen Normen: *Bettermann*, AöR 86, 129 (147 ff.) mit Nachweis der Rspr. des BVerfG.

[24] *Geller-Kleinrahm-Fleck* zur Verf. von Nordrh.-Westf., Art. 75 Anm. 4 f.; für die Weimarer Zeit schon *Flad*, S. 41, zu Art. 13 Abs. II WRVerf.

[25] s. unten S. 30 ff.

[26] Welches auch die Pflicht zur Bundesfreundlichkeit nicht beseitigt, wie die Notwendigkeit dieses Grundsatzes der Bundestreue beweist.

[27] Wobei nicht immer eigene Rechte verletzt sein müssen. Aus Art. 93 I 2 ließe sich die verfassungsrechtliche Zuerkennung einer gegenseitigen Hüter-Rolle schließen. Vgl. die grundsätzlichen Ausführungen *Friesenhahns*, Thoma-Festschrift S. 41. Bei Art. 93 I 3, dem Streit von Bund und Land über Rechte und Pflichten, wird das verneint, BVerfGE 13, 54 (96).

[28] Ein Gedanke, der auch dem *Montesquieu*schen Gewaltenteilungsprinzip zugrunde liegt, *Montesquieu*, De l'esprit des loix, XI. Buch, 6. Kapitel.

[29] *Friesenhahn*, Thoma-Festschrift S. 41.

nutzte also die zwischen Bund und Land, Parlament und Regierung, Majorität und Minorität des Parlaments bestehenden, kontrollfördernden Spannungen zur Ankurbelung eines Verfahrens, dessen Zweck über den eigentlichen Anlaß hinaus am allgemeinen Interesse für die Rechtmäßigkeit der Normen orientiert ist.

Von einer anderen Vorstellung ausgehend könnten die an der Normsetzung Beteiligten deswegen eine Normenkontrolle einleiten dürfen, um einer unerwünschten, den späteren Vollzug hemmenden Inzidentkontrolle[30] der Gerichte zu entgehen oder zuvorzukommen. Die Verwirklichung der Ziele, welche die Norm verfolgt, hängt angesichts des richterlichen Prüfungsrechts von der Gültigkeit ab, weshalb dem Gesetzgeber notgedrungen an der Rechtmäßigkeit seiner Vorschriften und ihrer Bestätigung durch eine alle Zweifel beseitigendes, weil alle Normadressate bindendes Urteil liegt.

Diese Motive für die Auswahl der Antragsteller sagen hingegen noch nichts darüber, ob der Antragsteller im Einzelfall an der jeweiligen Normenkontrolle interessiert und in seinen eigenen Rechten bedroht oder verletzt sein muß.

4. Zusammenfassend steht fest: Bei der abstrakten Normenkontrolle ist das Bundesverfassungsgericht als passiver Hüter angewiesen auf Antragsteller; dieses Antragsrecht ist auf oberste Staatsorgane beschränkt, um die Popularklage auszuschließen. Das Interesse an der Gültigkeit eigener Normen und an der Ungültigkeit „gegnerischer" Normen kann die an der Gesetzgebung mitwirkenden Antragsteller veranlassen, die Normenkontrolle einzuleiten.

II. Rechtsbetroffenheit und Streitbeteiligung des Antragstellers?

Gehört zur Voraussetzung des Antrags die Rechtsbetroffenheit des Antragstellers? Muß die Normenentscheidung für den Bestand der Rechte und Pflichten des Antragstellers Bedeutung haben? Ein solcher Fall liegt vor, wenn der Antragsteller sich durch die Norm in eigenen Rechten verletzt glaubt und die Feststellung der Nichtigkeit begehrt — ferner dann, wenn der Antragsteller die Feststellung der Vereinbarkeit der Norm begehrt, während ein anderes Organ dem Antragsteller das Recht bestreitet, die Norm überhaupt oder in dieser Weise zu erlassen. Im ersten Fall ist der Antragsteller durch die Norm, im zweiten Fall

---

[30] Nicht alle Normenkollisionen gelangen zur prinzipalen Entscheidung des Bundesverfassungsgerichts nach Art. 100 Abs. 1 GG; die Instanzgerichte müssen über die Gültigkeit von vorkonstitutionellem und nicht förmlichem Recht selbst entscheiden, BVerfGe 1, 184; 2, 124 (128 ff.) st. Rspr.

durch das Bestreiten betroffen; in beiden Fällen klärt das Normenurteil den Umfang der Rechte und Pflichten des Antragstellers.

Es könnte aber sein, daß nicht nur eine Rechtsbetroffenheit vorausgesetzt werden muß, sondern auch eine Streitigkeit, in die der Antragsteller verwickelt ist. Dann würde es nicht genügen, wenn der Antragsteller durch die Norm in seinen Rechten betroffen wird; eine Streitigkeit würde erfordern, daß etwa der Normsetzer umgekehrt auf der
Gültigkeit der Norm besteht. Rechtsbetroffenheit und Streitigkeit sind
also nicht synonym; Streitigkeit ist der engere, freilich auch der
geläufigere Begriff.

Unbestritten ist die Eignung der Normenkontrolle zur Erledigung
solcher Verfassungsstreitigkeiten. Schon Triepel[31] vertrat die Auffassung, daß sich bei Streit um Verfassungsrechte eine Verfahrensgestaltung empfehle, die keinen Beklagten und keine Verurteilung
kenne, bei der vielmehr nur eine Partei auftrete und das oft eminent
politische Streitobjekt in Form einer abstrakten Rechtsfrage vorbringe.

Ob die Normenkontrolle eine eigene Rechtsbetroffenheit und Streit-
verpflichtung des Antragstellers voraussetzt, erscheint allerdings zweifelhaft im Hinblick auf den objektiven Zweck des Verfahrens. Denn
dann müßte die Normenkontrolle auch zum Schutz der Rechte[32] des
Antragstellers geschaffen sein. Dies bedarf aber näherer Untersuchung.
Es sind die Begriffe „Zweifel" und „Meinungsverschiedenheiten" im
Verhältnis zu „Streitigkeiten" und „Rechtsbetroffenheit" zu erörtern,
es ist die Geschichte des Verfahrens zu klären, insbesondere die Vorstellung des Verfassungsgebers, schließlich die Zweckmäßigkeit der
Voraussetzung „Rechtsbetroffenheit" im objektiven Verfahren. Die
Untersuchung der Begriffe „Zweifel" und „Meinungsverschiedenheiten"
beschränkt sich hier aber auf deren Verhältnis zum Begriff der Streitigkeit; ihre Bestimmung im übrigen ist dem Abschnitt C vorbehalten.

1. Verwendung der Begriffe „Zweifel" oder „Meinungsverschiedenheiten" im Grundgesetz

Art. 93 I 2 GG könnte so zu verstehen sein, daß der Antragsteller
nur solche Zweifel oder Meinungsverschiedenheiten über die Normenkollision vorlegen darf, die innerhalb einer Streitigkeit entstanden sind,

---

[31] VVStRL 5, 1 (12).

[32] Der Zweck des Organstreits nach Art. 93 Nr. 1 GG ist *auch*, Rechte der
Antragsteller zu schützen, subjektiven Rechtsschutz zu bieten: *Goessl*, S. 173;
dagegen legt C. *Arndt*, AöR 87, 197 (209), den Schwerpunkt selbst dort auf
den Schutz des objektiven Rechts.

und zwar eines solchen Streites, der seine eigenen Rechte oder Kompetenzen betrifft.

Hierzu muß auf den Wortgebrauch der Verfassung in bezug auf die Begriffe „Zweifel" und „Meinungsverschiedenheiten" eingegangen werden. Er ist nicht immer eindeutig. Der Begriff der „Meinungsverschiedenheiten" findet sich außer bei der hier untersuchten Normenkontrolle in Art. 93 Abs. 1 Nr. 3[33], wonach das Bundesverfassungsgericht über die „Rechte und Pflichten des Bundes und der Länder" entscheidet. Welche Bedeutung hat der Begriff „Meinungsverschiedenheiten" jeweils? Wie ist er abzugrenzen von dem der Streitigkeiten, der in den übrigen Nummern des Art. 93 Abs. 1, nämlich bei der Nr. 1 (Organklage), und Art. 93 Abs. 1 Nr. 4 (Streitigkeiten zwischen Bund und Ländern, zwischen den Ländern und innerhalb eines Landes) eine Rolle spielt?

Meinungsverschiedenheiten liegen vor, wenn zwei Personen in einer Rechtsfrage verschiedene Ansichten vertreten. Die Vereinbarkeit von Bundes- oder Landesrecht mit dem Grundgesetz und die Vereinbarkeit von Landesrecht mit Bundesrecht ist eine Rechtsfrage[34], eine Frage des objektiven Rechts, über die jedermann sich äußern und, bei Widerspruch, in Meinungsverschiedenheiten geraten kann[35].

Intensiver, weil enger mit den eigenen Interessen verknüpft, sind die Meinungsverschiedenheiten zweier Personen dann, wenn die Norm, um deren Bestand die Auseinandersetzung geht, für ein zwischen den Personen bestehendes Rechtsverhältnis wesentlich ist, indem sie vielleicht subjektive Rechte einengt oder begründet. Derartige Meinungsverschiedenheiten können sowohl in bürgerlichen wie in öffentlich-rechtlichen Streitigkeiten auftauchen; die Beteiligten sprechen hier im eigenen Interesse.

---

[33] Dazu noch in Art. 126 GG, vgl. S. 19.

[34] Unrichtig *Schumann*, S. 76 Anm. 33, S. 65 Anm. 11, S. 260 Anm. 14, der meint, es dürfte sich nicht um eine rein theoretische Rechtsfrage handeln. Einerseits ist das Verhältnis zweier bestehender Normen zueinander keine „gedachte rechtliche Beziehung" (*Blomeyer*, Zivilprozeß, S. 179), sondern im Hinblick auf die Kollisionsnorm ein konkreter Sachverhalt, andererseits gehört das Problem, ob der Richter theoretische oder konkrete Rechtsfragen entscheidet, zu den Verfahren um *subjektive Rechtsverhältnisse: Goessl*, S. 53; im Zivilprozeß: RG 144, 54 (56); 107, 303 (304); *Lent* § 34 II; *Baumbach-Lauterbach*, § 256 Anm. 2 A; *Stein-Jonas-Schönke*, § 256 Bem. II 1; im Verwaltungsprozeß: *Naumann*, Jellinek-Gedächtnisschrift, S. 398 Anm. 32; BVerwG DöV 1957, 426; *Jellinek*, VerwR S. 191; *Ule* VwGO § 43 Bem. 2 a; bei Verfassungsstreitigkeiten s. RGStGH LS I 125 (128); LS VI 33 (52).

[35] Die Intensität des Widerspruchs spielt dabei keine Rolle, *Schumann* S. 73. A. A. *Maunz* MD Art. 31 Rdnr. 18.

Zur terminologischen Kennzeichnung ließe sich hier von Streitig-keiten[36] sprechen, Streitigkeiten im weiteren Sinne zwar, weil die eigentlichen Streitigkeiten, oder auch Streitigkeiten im engeren Sinne subjektive Rechte betreffen. Sie liegen vor, *wenn zwei Rechtssubjekte über ihre (gegenseitigen[37]) Rechte und Pflichten uneins sind*[38]. Streitig-keiten im weiteren Sinne sind demgegenüber schon dann gegeben, wenn sich zwei Personen in einer objektiven Rechtsfrage, etwa über die Auslegung oder die Gültigkeit einer Norm verschieden äußern, die für das Rechtsverhältnis zwischen ihnen praejudiziell ist[39]. Diese Ter-minologie schließt sich der von Goessl an[40], der sie im Hinblick auf das Organverfahren entwickelt hat. Beim Organstreit nämlich entscheidet das Bundesverfassungsgericht nach Art. 93 I 1 über die Auslegung einer Norm, also die objektive Rechtsfrage, aus Anlaß von Streitigkeiten über den Umfang der Rechte und Pflichten von Bundesorganen. Die den „Anlaß" bildenden Streitigkeiten sind solche im engeren Sinn, weil sie Rechte und Pflichten zum Gegenstand haben; die innerhalb dieses Streits auftretende Meinungsverschiedenheit über die Auslegung des Grundgesetzes, über die allein das Bundesverfassungsgericht zu befin-den hat, ist eine Streitigkeit im weiteren Sinn. In Art. 93 I 3, dem Bund-Länderstreit, verlangt das Grundgesetz Meinungsverschieden-heiten über Rechte und Pflichten zwischen Bund und Ländern, also definitionsgemäß Streitigkeiten[41] zwischen Bund und Ländern. Auf diese „Meinungsverschiedenheiten" bezieht sich Art. 93 I 4 mit den Worten *„andere öffentlich-rechtliche Streitigkeiten"*, d. h. andere als

---

[36] Daß der Begriff ‚Meinungsverschiedenheiten' als umgänglicher Aus-druck das Wort ‚Streitigkeiten' verschiedentlich ersetzte (etwa in Art. 15 Abs. 3 WRV), erwähnt *Triepel*, Streitigkeiten S. 44 unter Zustimmung von *Friesenhahn* HDStR II S. 542 Anm. 94; *Lechner* BVerfGG § 13 Ziff. 7 Anm. 4 b und *Holtkotten* BK § 126 Anm. II 3 a setzen Streitigkeiten und Mei-nungsverschiedenheiten gelegentlich gleich. Das BVerfG sieht in Streitigkeiten eine Spezies der Meinungsverschiedenheiten: BVerfGE 2, 143 (156); 13, 54 (72).

[37] Nicht nur relative, sondern auch absolute Rechte können Gegenstand eines Streites sein, wobei es dann auf die Konkretisierung durch Kompe-tenzausübung ankommt, *Goessl* S. 58.

[38] Diese Definition gilt insbesondere für den Begriff Verfassungsstreitig-keit: *Friesenhahn* HDStR II S. 534 Anm. 48; *Jerusalem* S. 116; *Stier-Somlo* RStR I S. 400; *Triepel*, Streitigkeiten S. 15; RStGH LS I, 292 (295); *Goessl* S. 51; *Schumann* S. 73.

[39] Daß die Frage der Vereinbarkeit zweier Normen für ein konkretes Rechtsverhältnis erheblich sein muß, verlangt insbesondere Art. 100 Abs. 1 GG.

[40] *Goessl* S. 50, 51.

[41] *Holtkotten* BK Art. 93 Anm. II B 3 d; *Hamann* Art. 93 Anm. B 3; BVerf-GE 2, 143 (155); 13, 54 (72); *Goessl* S. 52; *Lechner*, BVerfGG § 13 Ziff. 7 Anm. 2; *Zinn*, schriftl. Bericht zum Entwurf des Grundgesetzes S. 47 für den Vorläufer in der Weimarer Verfassung Art. 15 III LRV; *Triepel*, Strei-tigkeiten S. 44 f.; *Friesenhahn* HDStR II S. 534 zu Anm. 48.

die in Nr. 3 genannten. Darin zeigt sich, daß das Grundgesetz den begrifflichen Unterschied von Meinungsverschiedenheiten und Streitigkeiten nicht beachtet hat[42]. Folglich könnten auch die in Art. 93 I 2 erwähnten „Meinungsverschiedenheiten" in Wahrheit Streitigkeiten sein; Streitigkeiten im weiteren Sinn zwar, da sie eine Frage des objektiven Rechts betreffen, aber doch nicht bloße Meinungsverschiedenheiten, weil der meinungsverschiedene Antragsteller sich im Streit befindet und für dessen Entscheidung die objektive Rechtsfrage erheblich ist.

Außer in Art. 93 GG ist von „Meinungsverschiedenheiten" noch in Art. 126 GG die Rede, wonach über das Fortgelten von Recht als Bundesrecht das Bundesverfassungsgericht zu entscheiden hat. Auch hier fragt es sich, ob diese Meinungsverschiedenheiten nicht in Wahrheit Streitigkeiten sein müssen. Da Art. 126 über die Antragsteller nichts sagt, ist die Lösung noch schwieriger. v Mangoldt[43] vertritt die Ansicht, die Meinungsverschiedenheiten des Art. 126 GG könnten sich nur zwischen Verfassungsorganen entwickeln, es seien Verfassungsstreitigkeiten. Dem widerspricht er selbst, wenn er fortfährt, die Meinungsverschiedenheiten könnten auch außerhalb eines konkreten Rechtsstreits entstehen. Demnach dürften sich die Organe, auch ohne in ihren Kompetenzen betroffen zu sein, zu der Rechtsfrage äußern. Vielleicht ist v. Mangoldt dahin zu verstehen, daß die Meinungsverschiedenheiten einen konkreten[44] Anlaß haben müßten, womit aber noch keineswegs Verfassungsstreitigkeiten vorliegen. Andererseits meint auch Holtkotten[45], die Meinungsverschiedenheiten seien konkrete Streitigkeiten, aber die Antragsteller, deren Kreis er nach den Regelungen über die

---

[42] A. M. *Schumann* S. 74 Anm. 31, S. 75 Anm. 32, S. 78, der den Gebrauch des Begriffes ‚Meinungsverschiedenheiten' in Art. 93 I 3 (Bund-Länderstreit) dadurch rechtfertigt, daß hier auch Auseinandersetzungen über fremde Rechte und Pflichten „aus dem föderalen Bereich" (?) darunter fallen, während *Streitigkeiten* nur für die Auseinandersetzungen um *eigene* Rechte und Pflichten umfassen würden. Das damit angesprochene Problem der Prozeßstandschaft läßt sich aber kaum mit bloßen Worten lösen. Da es sich um konkrete Rechtsfragen handelt, liegen auch dort, wo es um Drittverhältnisse geht, Streitigkeiten vor. Ob aber solche Drittfeststellungsklagen zulässig sind, ist damit noch keineswegs sicher. Vgl. das parallele Problem im Zivilprozeß: RGZ 170, 358 (374); 128, 92 (94); BGH LM 4 zu § 325; *Blomeyer*, Zivilprozeß S. 182; *Henkel*, Parteilehre S. 88 ff.

[43] Bonner Grundgesetz Art. 126 Anm. 2.

[44] Dieser Meinung ist offensichtlich auch der Gesetzgeber, der in § 87 BVerfGG fordert, daß von der Entscheidung der objektiven Rechtsfrage die Zulässigkeit einer Maßnahme abhängig sein soll. Bedenken gegen diese Einschränkung bei *Holtkotten* BK Art. 126 Anm. II 3 b; *Schumann* S. 72; *Goessl* S. 230 Anm. 909.
Lechner, BVerfGG § 87 Anm. zu Abs. I läßt die Frage offen.

[45] BK Art. 126 Anm. II 3 b.

abstrakte Normenkontrolle bestimmt, bräuchten an ihnen nicht beteiligt zu sein. So bleibt offen, zwischen wem die Steitigkeiten des Art. 126 GG spielen müssen.

Das Wort „Zweifel" begegnet noch in Art. 100 Abs. 2: „Ist in einem Rechtsstreit zweifelhaft, ob eine Regel des Völkerrechts Bestandteil des Bundesrechts ist, so hat das Gericht die Entscheidung des Bundesverfassungsgerichts einzuholen." Schon vom Wortlaut her ist deutlich, daß die Zweifelsfrage anläßlich eines Rechtsstreites, hier sogar eines rechtshängigen Streites, aufgeworfen werden muß[46].

Insofern spricht der Wortgebrauch von „Zweifel" in Art. 100 Abs. 2 und von „Meinungsverschiedenheiten" in Art. 93 Abs. 1 Nr. 2 gegen eine Auslegung dahin, daß „Zweifel" oder „Meinungsverschiedenheiten" nur im Zusammenhang mit Rechtsstreitigkeiten auftreten können, denn in jenen Vorschriften kommt eine solche Voraussetzung wortwörtlich zum Ausdruck und muß nicht erst durch Auslegung ermittelt werden. Der Begriff Meinungsverschiedenheiten erscheint allerdings in Art. 93 Abs. 1 Nr. 3 als Synonym für Streitigkeiten, aber diese Interpretation ergibt sich bereits aus dem Gegenstand: Rechte und Pflichten von Bund und Land, sowie aus dem Wortlaut des nachfolgenden Art. 93 Abs. 1 Nr. 4 GG. Es besteht kein Anhalt dafür, daß auch bei Art. 93 Abs. 1 Nr. 2 Streitigkeiten vorliegen müssen, in denen Zweifel oder Meinungsverschiedenheiten auftauchen.

2. Entstehungsgeschichte des Art. 93 Abs. 1 Nr. 2 GG

Die Entstehungsgeschichte des Art. 93 Abs. 1 spiegelt die unklaren Vorstellungen des Verfassungsgebers wider[47] und bietet keinen sicheren Anhalt für die Auslegung der Vorschrift.

a) Art. 93 Abs. 1 Nr. 2 GG geht auch wie Art. 93 I Nr. 3 und Nr. 4 auf Art. 44 des Herrenchiemseer Entwurfs zurück. Dieser lautete[48]:

(1) Bestehen Meinungsverschiedenheiten zwischen Bund und Ländern

1. über Vereinbarkeit von Bundesrecht mit dem Grundgesetz,

2. über Vereinbarkeit von Landesrecht mit dem Grundgesetz oder sonstigem Bundesrecht,

3. über gegenseitige Rechte und Rechtspflichten von Bund und Ländern, insbesondere auch im Vollzug von Bundesrecht und der Bundesaufsicht,

---

[46] *Lechner,* BVerfGG § 13 Ziff. 12 Anm. 3 und 4.

[47] Das Kriterium der historischen Auslegung wird vom Bundesverfassungsgericht meist nur zur Bestätigung der eigenen Rechtsmeinung verwendet: E 1, 299 (312); 6, 32 (38); 8, 143: Kritisch dazu *Winkelmann* NJW 1959, 961 (962 sub IV 1); vgl. auch H. J. *Müller* JZ 1962, 471 ff.

[48] Bericht über den Verfassungskonvent auf Herrenchiemsee vom 10. bis 23. 4. 1948 S. 67.

4. über sonstige Rechtsbeziehungen des öffentlichen Rechts zwischen dem Bund und einem Land,

so entscheidet auf Antrag des Bundes oder eines Landes das Bundesverfassungsgericht.

(2) Das Bundesverfassungsgericht entscheidet auf Antrag eines Landes auch über Streitigkeiten öffentlich-rechtlicher Natur zwischen verschiedenen Ländern.

Daß in allen Fällen des Absatz 1 an Streitigkeiten gedacht war, ergibt sich weniger aus dem Wortlaut dieser Vorschrift, als vielmehr aus Art. 98 HCHE, der die Zuständigkeiten des Bundesverfassungsgerichts zusammenfassend aufzählt und sich auf Art. 44 mit folgenden Worten bezieht: Das Bundesverfassungsgericht entscheidet ... 3. über öffentlich-rechtliche Streitigkeiten zwischen dem Bund und den Ländern (Art. 44). Im kommentierenden Teil[49] zu Art. 98 Ziff. 3 des Entwurfs heißt es dann noch, daß der Begriff „öffentlich-rechtliche Streitigkeit" nach Maßgabe des Art. 19 WRV auszulegen sei, wo von „Streitigkeiten nicht privatrechtlicher Art zwischen dem Reich und einem Lande"[50] die Rede war. Damit wird deutlich, daß Art. 44 HCHE sein Vorbild nicht im rein objektiven Verfahren hatte, welches die Weimarer Verfassung in der Normenkontrolle des Art. 13 II vorsah[51], sondern in einem Verfahren, in welchem um Verfassungsrechte gestritten wurde[52].

Nun sind Meinungsverschiedenheiten zwischen Bund und Ländern über die Vereinbarkeit von Bundesrecht mit dem Grundgesetz oder von Landesrecht mit Bundesrecht nicht notwendig Streitigkeiten über gegenseitige (Gesetzgebungs-)Rechte. Die Auseinandersetzung kann sich z. B. auf ein Bundesgesetz beziehen, das unstreitig in eine Bundeskompetenz fällt, aber Grundrechte des Bürgers berührt und deswegen

---

[49] HCHE Komm. T. S. S. 89 ff., JÖR 1, 670.

[50] Über diesen Begriff gingen die Meinungen weit auseinander, Übersicht bei *Triepel*, Streitigkeiten, S. 39 ff. Triepel nimmt an, die Formel enthalte eine Generalklausel für alle Streitigkeiten des öffentlichen Rechts. *Anschütz* RV S. 173 schließt sich dem an.

[51] Art. 13 II: „Bestehen Zweifel oder Meinungsverschiedenheiten darüber, ob eine landesrechtliche Vorschrift mit dem Reichsrecht vereinbar ist, so kann die zuständige Reichs- oder Landeszentralbehörde nach näherer Vorschrift eines Reichsgesetzes die Entscheidung eines obersten Gerichtshof des Reichs anrufen."

[52] Der Unterschied zwischen den zwei Verfahren wurde in der Weimarer Zeit klar erkannt; Art. 13 II erforderte im Gegensatz zu Art. 19 WRV keine Verletzung des Antragstellers, aber bei einem Streit um die Reichsrechtmäßigkeit einer Landesnorm sollte Art. 13 II als lex specialis den Vorrang haben, weil Art. 19 sich für subsidär erklärt; *Anschütz*, Art. 19 Anm. 12; *Flad*, 64; *Poetzsch-Hefter*, Anm. 3 a zu Art. 13. Doch war die Frage im einzelnen recht umstritten, vgl. W. *Jellinek*, VVStRL 2, 8 H (37) einerseits, andererseits RGStGH LS IV, 175 (180).

verfassungswidrig ist[53]. Sollte hier eine Normenkontrolle nach Art. 44 Nr. 1 HCHE unzulässig sein, weil ein Streit über Rechte und Pflichten nicht vorliege?

Es ist ungewiß, ob die Schöpfer des Herrenchiemseer Entwurfs die Begriffe „Meinungsverschiedenheiten" und „Streitigkeiten" derart klar unterschieden haben, wenngleich die Weimarer Literatur zu Art. 19 WRV (Streitigkeiten nicht-privatrechtlicher Art) und Art. 13 Abs. 2 WRV (Zweifel oder Meinungsverschiedenheiten) dies schon deutlich tat[54]. Ebensogut ließe sich die Ansicht vertreten, daß trotz des Sammelbegriffes „Streitigkeiten" in Art. 98 HCHE in den Fällen des Art. 44 HCHE nur Meinungsverschiedenheiten gemeint seien, es sei denn, daß sich aus dem Gegenstand der Meinungsverschiedenheiten (gegenseitige Rechte und Pflichten von Bund und Land, Nr. 3, Rechtsbeziehungen des öffentlichen Rechts zwischen Bund und Land, Nr. 4) ausdrücklich die Species Streitigkeiten ergäbe.

Immerhin beweist die Stellung des Art. 44 HCHE im Abschnitt „Der Bund und die Länder", daß es bei der Normenkontrolle in erster Linie um den Schutz der Kompetenzordnung[55] zwischen Bund und Ländern gehen sollte. Darin liegt vielleicht ein, wenn auch nicht zweifelsfreies, Indiz dafür, daß der Entwurf vom Vorliegen eines Streits ausging.

b) In den Verhandlungen des *Parlamentarischen Rates* waren die Verfahren des Art. 44 HCHE vielfältigen Änderungen unterworfen, wobei es sich für eine folgerichtige Entwicklung nachteilig auswirkte, daß die in Art. 44 auftauchenden Fragen auch beim Zuständigkeitskatalog des Bundesverfassungsgerichts, bei Art. 98 bzw. Art. 128, zur Diskussion standen. Da die Fassungen nicht immer aufeinander abgestimmt wurden, traten gewisse Ungereimtheiten auf.

Entsprechend dem Vorschlag des Allgemeinen Redaktionsausschusses vereinte der Rechtspflegeausschuß das abstrakte Normenkontrollverfahren mit der konkreten Normenkontrolle, führte einen dritten Antragsteller, das Drittel der Bundestagsabgeordneten, ein und löste die Beziehung zu den Bund-Land-Verfahren.

---

[53] Im Bund-Land-Streit dürfen die Parteien nur Grundgesetzverletzungen rügen, durch die ihre eigenen Rechte beeinträchtigt werden; sie haben hier nicht die Aufgabe, gegeneinander Wächter der Legalität zu sein, BVerfGE 13, 54 (59).

[54] s. oben Anm. 52.

[55] Auffallend ist die Parallelität des Art. 44 HCHE zu der Bestimmung der Paulskirchenverfassung, wo es hieß (§ 126 a): „Zur Zuständigkeit eines Reichsgerichts gehören Klagen eines Einzelstaates gegen die Reichsgewalt wegen Verletzungen der Reichsverfassung durch Erlassung von Reichsgesetzen und durch Maßregeln der Reichsregierung sowie Klagen der Reichsgewalt gegen einen Einzelstaat wegen Verletzung der Reichsverfassung."

Die Fassung des Art. 128 Ziff. 3 lautete:

(Das Bundesverfassungsgericht entscheidet)...

„Über die förmliche und sachliche Vereinbarkeit von Bundesrecht und
Landesrecht mit dem Grundgesetz oder die Vereinbarkeit von Landesrecht
mit sonstigem Bundesrecht auf Antrag eines Gerichts (Art. 137 Abs. 1)
oder auf Antrag der Bundesregierung oder einer Landesregierung (Art. 44,
148 a) oder von einem Drittel der Mitglieder des Bundestages[56].“

Hier fehlt also die Voraussetzung der „Zweifel“ und „Meinungsverschiedenheiten“, nicht aber in dem Art. 44, der folgenden Wortlaut
enthielt:

„Bei Meinungsverschiedenheiten oder Zweifeln über die Vereinbarkeit...
entscheidet das Bundesverfassungsgericht... auf Antrag der Bundesregierung oder einer Landesregierung[57, 58].“

Gegen die Formulierung wandte v. Mangoldt[59] ein, sie lasse nicht
erkennen, zwischen wem die Meinungsverschiedenheiten herrschen
müßten, der Herrenchiemseer Entwurf sei klarer mit der Formulierung: „Bestehen Meinungsverschiedenheiten zwischen Bund und Ländern“. Friesenhahn erwiderte darauf, die Vorschrift sei aus ihrer
Stellung im Abschnitt „Der Bund und die Länder“ zu interpretieren,
woraus folge, daß Meinungsverschiedenheiten zwischen Bund und Land
bestehen müßten.

Da die Zuständigkeit des Bundesverfassungsgerichts sich nicht allein
aus dem Katalog des Art. 128, sondern den Einzelvorschriften in den
verschiedenen Abschnitten ergeben sollte, z. B. Art. 44, Art. 137, stand
zwar für die Interpretation der Ziffer 3 des Art. 128 fest, daß beim
Antrag der Regierungen eine Meinungsverschiedenheit zwischen
Bundes- und Landesregierung vorliegen mußten. Unklar war aber,
unter welchen Bedingungen die Bundestagsabgeordneten das Verfahren einleiten sollten. Ihrem Antragsrecht entsprach, entgegen der
bis dahin eingehaltenen Systematik, keine Vorschrift, die im Art. 128
wiederholt worden wäre. Mußten auch sie Meinungsverschiedenheiten
nachweisen, wo doch die Ziff. 3 des Art. 128 diese Voraussetzung nicht
enthielt?

Diese Fragen entfielen, als auf Vorschlag des allgemeinen Redaktionsausschusses der Hauptausschuß in 3. Lesung die Streichung des
Art. 44 beschloß. Maßgebend war jetzt nur noch die Zuständigkeits-
vorschrift des Katalogs in der Formulierung des heutigen Art. 93 I
Nr. 2 GG. Die Voraussetzung „Zweifel oder Meinungsverschieden-

---

[56] JöR 1, 675.

[57] Auf Vorschlag des Redaktionsausschusses JöR 1, 680.

[58] Hier erst kam die Voraussetzung ‚Zweifel‘ in die Vorschrift.

[59] Sitzung des Rechtspflegerausschusses vom 6. 12. 48 JöR 1, 675.

heiten" war hinaufgerückt, galt also offensichtlich auch für den dritten Antragsteller; die Stellung im Abschnitt „Der Bund und die Länder", welche nach Friesenhahn für die Interpretation wesentlich schien, war aufgegeben worden und damit fraglich, ob der Hinweis, die *Regierungen* müßten in Meinungsverschiedenheiten geraten sein, noch Geltung beanspruchte. Der Zusammenhang der abstrakten Normenkontrolle mit den Bund-Land-Streitigkeiten war zwar verblaßt, die Vereinigung mit der konkreten Normenkontrolle aber wieder gelöst. Wie beurteilte der Verfassungsgeber das entstandene Verfahren jetzt?

Zinn, der Referent für den Abschnitt „Über die Rechtsprechung", erklärte im schriftlichen Bericht zum Entwurf des Grundgesetzes[60], bei der Prüfung von Bundes- und Landesrecht auf ihre Grundgesetzmäßigkeit nach Art. 93 I Nr. 2 GG erweise sich das Gericht als *eigentlicher Verfassungsgerichtshof*; es nehme die Funktion eines *Bundesspruchgerichts*[61] auch wahr, wenn es die Vereinbarkeit von Bundesmit Landesrecht feststelle. Normenkontrollfunktion habe das Bundesverfassungsgericht weiterhin nach Art. 100 GG. Die Begriffe „Zweifel oder Meinungsverschiedenheiten" seien so zu verstehen, wie die gleichlautenden Begriffe der Weimarer Verfassung. Erst bei Ziffer 3 und 4 hebt Zinn die Bedeutung der Verfassungsgerichtsbarkeit in bundesstaatlichen Rechtsbeziehungen hervor.

Im ganzen ergeben diese Ausführungen aber kein klares Bild. Es bleibt dunkel, was Zinn unter einem eigentlichen Verfassungsgerichtshof[62] versteht. Auch die zuvor besprochene Zuständigkeit zur Grund-

---

[60] Schriftlicher Bericht zum Entwurf des Grundgesetzes, Anlage zum Stenographischen Bericht der 9. Sitzung des Parlamentarischen Rats S. 45, 46.

[61] Der Hinweis auf das Bundesspruchgericht bezieht sich, wie *Goessl* S. 38 Anm. 150 nachweist, auf den „Amtlichen Entwurf eines Gesetzes zur Wahrung der Rechtseinheit", RRatsDrS. 1926 Nr. 39 von *Külz* sowie die Schrift von *Zeiler*, Ein Gerichtshof für bindende Gesetzesauslegung 1911.

[62] Holtkotten ist ähnlich unklar, wenn er ausführt, bei der abstrakten Normenkontrolle sei das Verfassungsgericht primär als Verfassungsgericht, nicht als Staatsgerichtshof tätig. BK Art. 93 Ziff. 2 Anm. 2 a, während er beim Organstreit dies gleichfalls annimmt, aber offensichtlich keinen Unterschied zum Staatsgerichtshof macht. *Friesenhahn* HDStR II S. 526, auf den er verweist, nahm Staatsgerichtshof als Sammelbegriff und sah den Zweck eines Verfassungsgerichtes in der Entscheidung von *Verfassungsstreitigkeiten*. Wenn diese Terminologie auch für Zinn zuträfe, ergäbe das für die Normenkontrolle, daß es sich um eine Verfassungsstreitigkeit handeln sollte. Die Nähe von Normenkontrolle und Bund-Länderstreit betonen auch *Lechner* BVerfGG Einleitung 5 b, *Drath* VVDStRL 9, S. 48. Dieser braucht die Worte Staatsgerichts- und Verfassungsgerichtshof synonym. Das BVerfG, 1 (208) spricht von „eigentlichen Verfassungsstreitigkeiten" bei Art. 93 I Nr. 1 und I Nr. 2 GG. Die ganze Diskussion zeigt das Bemühen um die Entwicklung eines Begriffes der Verfassungsgerichtsbarkeit. Dazu *Kelsen* VVDStRL 5, S. 30 ff.; *Triepel* ebd. S. 1 f. (5); ,*Scheuner* DVBl. 1951 S. 293; *Drath* VVDStRL 9, S. 17 f.

gesetzinterpretation, Art. 93 I Nr. 1 GG gehört zur Verfassungsgerichtsbarkeit, besitzt sogar gegenüber den Normenkontrollen eine längere
Tradition. Daß das Gericht bei der abstrakten Normenkontrolle im
Gegensatz zum Organstreit streitentscheidend tätig sei und daß dies
den Kern der Verfassungsgerichtsbarkeit bilde, läßt sich sicher nicht
aus den Darlegungen von Zinn herauslesen. Die grundsätzlichen Ausführungen über bundesstaatliche Rechtsbeziehungen[63] setzen erst bei
den Ziffern 3 und 4 ein; das beweist, daß die abstrakte Normenkontrolle nicht deren Funktion, die Bereinigung bundesstaatlicher
Kompetenzkonflikte, teilen, sondern einen anderen Zweck verfolgen
sollte, nämlich den, die Rechtsordnung vor nichtigen Normen zu bewah-
ren und Rechtsgewißheit zu schaffen, ähnlich wie Art. 100, auf den sich
Zinn bezieht. Es fehlt jeglicher Anhalt dafür, daß die Voraussetzung
dieser Kontrolle ein Streit sein müsse, selbst wenn die Interpretation
Friesenhahns noch zuträfe, daß bei Anträgen der Regierungen Meinungsverschiedenheiten zwischen diesen erforderlich seien, denn solche
Meinungsverschiedenheiten sind — wie bereits dargelegt — nicht
notwendige Streitigkeiten[64].

Besonders Zinns Bemerkung, Zweifel und Meinungsverschiedenheiten
seien nach der Weimarer Verfassung zu interpretieren, stützt diese
Auslegung, da jene Begriffe nur in dem schon erwähnten Art. 13 II
WRVerf.[65] vorkommen, der ein Normenkontrollverfahren über die
Reichsrechtmäßigkeit von Landesrecht einführte. Antragsberechtigt
waren hier die obersten Reichs- und Landeszentralbehörden.

Die Entstehungsgeschichte[66] des Art. 13 II WRVerf. legt eine weite
Interpretation der Begriffe „Zweifel" und „Meinungsverschiedenheiten"
nahe, die auch von der damals herrschenden Meinung[67] vertreten

---

[63] *Zinn* aaO. S. 47 bezeichnet als Streit- und Entscheidungsgegenstand des
Bund-Land-Verfahrens die subjektive Berechtigung und Verpflichtung und
erinnert an die Bismarck-Verfassung, in der für diese Streitigkeiten keine
Instanz gegeben war. Begründung dafür bei *Triepel*, Reichsaufsicht S. 99, 100;
v. Jagemann S. 96 hielt damals den Bundesrat für zuständig. Kritik bei
Binding DJZ 1899, 72, 75 über das politische Organ Bundesrat und Richter.

[64] s. oben S. 21 f.

[65] Anm. Nr. 51.

[66] Bei Art. 13 II wurde zwar zunächst an echte Streitigkeiten gedacht, das
zeigen die Entwürfe III und IV zur Reichsverfassung, *Triepel*, Quellen-
sammlung S. 17, 27. Dort hieß es: „Streitigkeiten darüber, ob eine landesrechtliche Vorschrift" (E III), dann: „in Streitfällen darüber..." (E IV). Dafür, daß die weite Fassung ‚Zweifel oder Meinungsverschiedenheiten' mit
vollem Bedacht gewählt wurde, vgl. RG LS I 423.

[67] *Anschütz* RV S. 106; *Triepel*, Streitigkeiten S. 67; *Wittmayer* S. 246;
Jerusalem S. 143, 147; *Morstein-Marx* AöR 45, 218 (221 Anm. 12); *Giese*
S. 83; *Poetzsch-Heffter* Art. 13 Anm. 30; *Stier-Somlo* S. 58; *Flad* S. 39, 40;
Lammers S. 80.

wurde. Es genügten bloße Rechtsmeinungen, die der Antragsteller nicht einmal teilen mußte. Wenn nun Art. 93 I Nr. 2 GG ebenso wie Art. 13 II WRVerf. auszulegen ist und nicht nach Art. 19 WRVerf., der den Schöpfern des Herrenchiemseer Entwurfs noch vorgeschwebt hatte und der in der Tat Streitigkeiten voraussetzt, so wäre das Ergebnis einer rein historischen Auslegung, daß weder ein Streit erforderlich sei noch der Antragsteller in seinen Rechten betroffen sein müsse.

3. Rechtsbetroffenheit und Verfahrenszweck

Wie steht es mit der Zweckmäßigkeit einer Rechtsbetroffenheit als Zulässigkeitsvoraussetzung für die abstrakte Normenkontrolle? Diese Frage muß unter Berücksichtigung der oben dargestellten Zweckbestimmung des Verfahrens beantwortet werden: Es ist nicht entscheidend, daß sich die Normenkontrolle auch zum Schutze der Rechte des Antragstellers eignet, sondern daß sie allein zum Schutz der Rechtsordnung erfolgt. Das beweist nicht zuletzt die Tatsache, daß das Grundgesetz andere Verfahren eingerichtet hat, die der Aufgabe, die Rechte der Antragsberechtigten zu schützen, viel deutlicher gewidmet sind. So dient der Organstreit nach Art. 93 I Nr. 1 GG dem Schutz der Bundesorgane und ihrer Kompetenzen, ist also für Streitigkeiten zwischen Bundesregierung und Parlament, zwischen Parlament und seinen Minderheiten geschaffen[68], während der Bund-Land-Streit nach Art. 93 I Nr. 3 GG die Kompetenzverteilung zwischen Bund und Ländern schützen[69] und Art. 93 I Nr. 4 Fall 3 die Verfassungsordnung innerhalb der Länder[70] gewährleisten soll. Zwar kann in all diesen Fällen

---

[68] Da das BVerfG als Maßnahme im Sinne des § 64 BVerfGG sowohl den Normsetzungsantrag als auch die Norm selbst begreift, BVerfG 6, 84 ff., 6, 99, können die streitenden Organe auch prinzipale Normenentscheidungen erreichen, vgl. *Goessl* S. 74, und, allgemein über das Verhältnis der abstrakten Normenkontrolle zum Organstreit, S. 218.

[69] Das Verhältnis des Bund-Land-Verfahrens zur Normenkontrolle ist schwierig, *Holtkotten* BK Art. 93 Anm. II B 12 K nimmt Spezialität des Art. 93 I Nr. 2 gegenüber Art. 93 I Nr. 3 (Bund-Länderstreit) an. Dagegen *Lechner* BVerfGG Anm. 7 b zu § 13 Ziff. 6, welcher aber die Zulässigkeit eines prinzipalen Normenurteils im Streitverfahren verneint. *Scheuner* DVBl. 52, 293 (295) hält das Streitverfahren für vorrangig, weil es das ältere Verfahren ist. *Geiger* DöV 52, 481 (485) meint, es lägen in den Verfahren verschiedene Streitgegenstände vor, der Antragsteller habe freie Wahl, ebenso *Goessl* S. 221. Das BVerfG 1, 14 (30); 12, 205 (223) will beide Verfahren verbinden, dagegen *Goessl* S. 220 Anm. 80 V; *Zeidler* AöR 86, S. 376. In den Bund-Land-Streitverfahren BVerfGE 6, 309 (Konkordatstreit) und 4, 115 wurden Anträge, die auf die Nichtigerklärung von Maßnahmen = Normen gingen, als unbegründet zurückgewiesen. Im Normenkontrollverfahren hätte das BVerfGG die Grundgesetzmäßigkeit der angegriffenen Normen aussprechen müssen. Daraus ergibt sich schon der unterschiedliche Zweck: Hier Schutz der Rechtsordnung — dort Schutz der Kompetenzträger.

[70] Vgl. die Verfassungsstreitverfahren innerhalb der Länder BVerfGE 4, 31 (35); 4, 144 (148). Im Normenkontrollverfahren BVerfGE 9, 258 hatte die

bereits eine Normenkontrolle den Streit erledigen, aber dies besagt noch nichts für die Zweckbestimmung. Ähnlich wie die Bewährung objektiven Rechts in subjektiven Verfahren[71] ist die Durchsetzung subjektiver Befugnisse in objektiven Verfahren nur eine Nebenfolge. Das Verfahren kann auch zu einem solchen Zweck verwendet werden, muß es aber nicht.

Die Notwendigkeit einer Rechtsbetroffenheit ließe sich freilich auch unter dem Blickwinkel des objektiven Verfahrenszweckes vertreten: Eine solche Voraussetzung könnte sicherstellen, daß die Normenkontrolle im Einzelfall zum Schutz der Rechtsordnung und zur Schaffung von Rechtsgewißheit *notwendig* ist. Das Verfahren soll nur bei kontrollbedürftigen Normen einsetzen, das aber sind die Normen, die verfassungsmäßige Rechte von Staatsorganen berühren, u. U. sogar Streit auslösen, ganz gewiß. Hier wäre also ein Mittel gefunden, die für eine Normenkontrolle möglichen Fälle auf die wichtigen zu konzentrieren.

Es fragt sich, ob es andere objektive Verfahren gibt, die eine solche Begrenzung kennen. Eine ihrer Funktion nach vergleichbare Voraussetzung findet sich in Art. 130 der Verfassung von Rheinland-Pfalz[72]:

> „Die Regierung, der Landtag und jede Landtagsfraktion und jede Körperschaft des öffentlichen Rechts, die sich in ihren Rechten beeinträchtigt glaubt, sowie jede politische Partei, die bei der letzten Landtagswahl 10 vom Hundert der gültigen Stimmen erhalten hat, können eine Entscheidung darüber beantragen, ob ein Gesetz, eine Gesetzesvorlage oder die Handlung eines Staatsorgans verfassungswidrig ist."

Mit einer Ausnahme können die dort aufgeführten Antragsteller das Landesverfassungsgericht zur Entscheidung über die Verfassungsmäßigkeit der Gesetze ohne weitere Einschränkung anrufen. Die antragsberechtigten Körperschaften des öffentlichen Rechts hingegen müssen sich in ihren Rechten beeinträchtigt glauben. Nach Ansicht des Verfassungsgerichts von Rheinland-Pfalz[73] nimmt die Verfassung bei den übrigen Antragstellern an, daß sie in Verfolgung allgemein-öffentlicher Interessen handeln; bei den Körperschaften des öffentlichen Rechts hält sie das nicht für gewährleistet und führt deswegen diese weitere Bedingung ein. Das Verfahren ändert aber auch in diesem Falle seinen Charakter nicht, es bleibt Normenkontrolle, ein dem

---

Landesnorm, die zu prüfen war, zu einem klassischen Streit zwischen Parlament und Regierung geführt.

[71] *Blomeyer*, Zivilprozeß S. 2; *Rosenberg*, Zivilprozeß Einleitung S. 2; *Pohle*, Lent-Festschrift S. 197—203; *Menger*, System S. 165 Anm. 39.

[72] *Füßlein* S. 91.

[73] VerfGHE Rheinland-Pfalz in Verw.Rechtspr. 3 Nr. 5 (S. 29).

objektiven Rechtsschutz gewidmetes Verfahren[74]. Das Erfordernis der Behauptung[75] einer subjektiven Rechtsbeeinträchtigung ist nur eine zusätzliche Prozeßvoraussetzung, welche bewirken soll, daß die Körperschaft an der Ungültigkeit der Norm interessiert ist, die Verfassungswidrigkeit behauptet und den Verdacht an der Rechtswidrigkeit konkretisiert.

Eine ähnliche Voraussetzung gilt nach § 47 VwGO für den Normenkontrollantrag der natürlichen und juristischen Personen. Sie müssen durch die Anwendung der nachprüfbaren Vorschriften einen Nachteil erlitten oder zu erwarten haben, also eine eigene Beschwer nachweisen[76]. In diesem Verfahren steht der prozeßökonomische Gesichtspunkt im Vordergrund[77]. Die Feststellung, ob eine Norm gültig ist, soll mehrere Prozesse um dieselbe Rechtsfrage verhindern und voneinander abweichende Entscheidungen vermeiden, wobei es angesichts dieser Zweckbestimmung besonders sinnwidrig ist, nur die negative Entscheidung mit Gesetzeskraft auszustatten[78]. Hier dient die Voraussetzung einer persönlichen Beschwer dem Ausschluß der Popularklage, während in der neueren Rechtsprechung[79] und Lehre[80] die Normenkontrolle auf

---

[74] Vgl. H. *Schäfer* JZ 1954, 148 (149) und die von ihm angeführten Entscheidungen, auch in der Anmerkung zu VerfGH-Rh.-Pf. E. 8. 11. 57, DVBl. 58, 359 (360) nimmt Schäfer bei den Gesetzen eine Normenklage an. Dagegen sieht VerfGH-Rh.-Pf. in E. 8. 11. 57 das Verfahren auf Antrag der Körperschaften des öffentlichen Rechts als Verfassungsbeschwerde an. Anders in VerfGHE Nr. III 604, wo das Gericht ausführt, daß das Verfahren nicht dem Schutz subjektiver Rechte dient, sondern der Klärung der objektiven Rechtslage. Gegen die neuere Auffassung auch H. *Schäfer* DVBl. 58 (359, 362): „Erst nach 10¹/₂ Jahren ist das Gericht auf den Gedanken gekommen, es handle sich hier um eine Verfassungsbeschwerde."

[75] Die Rechtsbeeinträchtigung muß nicht tatsächlich gegeben sein, es genügt, wenn die Körperschaft des öffentlichen Rechts das behauptet: VGH Rh.-Pf. in LT Drucks. III 523 S. 447.

[76] Hier genügt die bloße Behauptung nicht!

[77] *Schunck-de Clerk* VWGO § 47 Anm. 1; *Koehler* VWGO § 47 Anm. 3, amtliche Begründung s. BT Drucksache Bd. 55, 3. Wahlperiode S. 33; *Herzog* BayVerwBl. 1961 S. 368 (370) und *Bergmann* Verw.Arch. 51 (1960) 36 H nennen den objektiven Verfahrenszweck, *Mang* BayVerwBl. 61, 273 (274) betont den subjektiven Rechtsschutzzweck dem Bürger gegenüber.

[78] *Bettermann* AöR S. 161 Anm. 53 a.

[79] VHG Bad.-Württ. 14. 12. 62; DöV 63, 228 (229) gegen die ältere Entscheidung AöR 86, 95 (98); die praktische Frage ist die, ob Prüfungsmaßstab im Verfahren nach § 47 VwGO auch Bundesrecht sein kann, ob das objektive Normenkontrollverfahren nach Art. 93 I Nr. 2 GG die Zuständigkeit des § 47 VwGO ausschließt, weil auch dort die Landesvorschrift auf Bundesrecht geprüft werden kann. Das wird neuestens verneint von BayVGH 31. 10. 62 DVBl. 63, 107, Bad.-Württ. VGH 11. 3. 63 NJW 63, 1687, und Bad.-Württ. VGH 14. 3. 63 DöV 63, 760 gegen OVG Bremen DöV 61, 264.

[80] *Forsthoff* VerwR. 8. Aufl. S. 513; *Herzog* BayVerwBl. 61, 369; *Mang* BayVerwBl. 61, 274; *Redeker-v. Oertzen* VWGO Rdnr. 10 zu § 47; *Friesen-*

Antrag des Bürgers mehr und mehr den Charakter eines gegen die Normen gerichteten Rechtsschutzverfahrens annimmt[81].

Die Voraussetzung einer Rechtsbeeinträchtigung des Antragstellers oder gar eines Rechtsstreites zwischen dem Antragsteller und Dritten kann also auch im objektiven Verfahren ihren Sinn haben. Diese Eignung allein stützt aber eine entsprechende Auslegung des Art. 93 I Nr. 2 GG noch keineswegs. Neben der Zweckmäßigkeit der eigenen Rechtsbetroffenheit des Antragstellers als Antragsvoraussetzung müßte sich die Zweckwidrigkeit anderer Interpretationen erweisen lassen, nämlich, daß dann, wenn der Antragsteller unabhängig von seiner eigenen Rechtsstellung ein Normenkontrollverfahren einleitet, die Gefahr besteht, daß das Institut der Normenkontrolle ins Uferlose ausgedehnt wird und seinen eigentlichen Zweck nicht verwirklichen kann. Bei der engen Auswahl der Antragsteller in Art. 93 I Nr. 2 trifft das aber nicht zu[82]. Im Gegenteil: Die Voraussetzung einer Rechtsbetroffenheit ist ein unpraktisches Auslesemittel, weil die Elemente, die sie umschließt — subjektives Rechtsschutzbedürfnis und Legitimation — für die allein wichtige Frage, ob hier eine Normenkollision wahrscheinlich und daher eine verfassungsgerichtliche Kontrolle nötig ist, bedeutungslos erscheinen. Was im Einzelfall das Kontrollverfahren rechtfertigt, wird an anderer Stelle zu erörtern sein[83].

4. Ergebnis

Weder der Gebrauch der Begriffe „Zweifel" und „Meinungsverschiedenheiten" noch die Geschichte des Art. 93 I Nr. 2 GG, noch schließlich die Zweckmäßigkeitserwägungen vermögen die Voraussetzung einer eigenen Rechtsbetroffenheit des Antragstellers zu begründen. Das Normenkontrollurteil muß neben der objektiven Rechtsfrage also nicht auch eigene strittig gewordene Rechte des Antragstellers zu klären haben. Dies entspricht der herrschenden Meinung[84], insbesondere der

---

hahn, Verfassungsgerichtsbarkeit in Deutschland S. 62 Anm. 190 a; *Bachof* DöV 1964, 9 ff.

[81] Dagegen *Bergmann* DöV 61, 266; *Koehler* VWGO § 47 Anm. II 1; *Schunck-de Clerk* VwGO § 47 Anm. I 3; *Renck* DöV 64, 1 ff.

[82] Anders verhält es sich mit § 47 VwGO; dort schließt erst die eigene Beschwer der natürlichen und juristischen Personen die Popularklage aus.

[83] s. Teil C.

[84] *Friesenhahn* ZSchwR 73, 129 (138); *Geiger* DöV 52, 481 (485); *Drath* VVDStRL 9, 17 (48) und in Festschrift der FU S. 89; *Menger,* System S. 45; *Scheuner* DöV 52, 293 (295); *v. Mangoldt* Komm. Art. 93 Anm. 4; *Goessl* S. 43 Anm. 180, S. 219; *Lechner,* Grundrechte III S. 667, BVerfGG § 76 Anm. 4 b; *Maunz-Dürig* Art. 31 Rdnr. 16; *Holtkotten* BK Art. 93 Anm. II B 2 c β; *Schäfer,* Verfassungs- und Verwaltungsgerichtsbarkeit S. 161, 162; *Renck* DöV 64 S. 4.

Auffassung des Bundesverfassungsgerichts[85], welches aber nicht auf die Frage eingeht, ob die Rechtsbetroffenheit des Antragstellers zur Verwirklichung der Zwecke eines objektiven Verfahrens geeignet ist; für das Verfahren nach Art. 93 I Nr. 2 GG ist auch das zu verneinen.

III. Feststellungsinteresse des Antragstellers

1. Die Fragestellung

Darf jeder der drei Antragsteller Normen des Bundes- oder Landesrechts zur verfassungsgerichtlichen Kontrolle stellen? Diese Frage, die weit schwerer zu beurteilen ist, als die nach der Notwendigkeit einer subjektiven Rechtsverletzung des Antragstellers ist danach zu beantworten, ob der Antragsteller mit seinem Normenkontrollantrag ein eigenes relevantes Rechtsinteresse geltend machen muß, bei dessen Fehlen der Antrag als unzulässig abzuweisen wäre.

Der allgemeine Zweck des Verfahrens, Rechtsgewißheit zu schaffen und die Rechtsordnung zu schützen, scheint mit dem Erfordernis eines solchen Rechtsinteresses unvereinbar. Warum soll ein objektives Verfahren noch von subjektiven Interessen des Antragstellers abhängen, wo doch die Feststellung der Vereinbarkeit oder Unvereinbarkeit der Normen mit höherrangigen Vorschriften dem allgemeinen Interesse zu dienen hat?

a) Der Sinn des Antragsrechts könnte diese Einschränkung gebieten. Zwar müssen die Staatsorgane, die das Grundgesetz als Antragsteller ausgewählt und mit dem Antragsrecht betraut hat, nicht ihrer eigenen strittigen Rechte wegen das Verfahren in Gang setzen. Das Rechtsinteresse, um das es hier geht, deckt sich auch nicht mit den gerichtlich durchsetzbaren, als Rechte verstandenen Kompetenzen[86]. Es ist ein Feststellungsinteresse[87] an der Normprüfung, das aus dem besonderen, durch eine Vielzahl von Aufgaben, Verantwortungen, Pflichten und Rechten gebildeten Funktionsbereich des antragstellenden Staats-

---

[85] BVerfGE 1, 208; 1, 14 (30); 2, 307 (312) und 143 (156).

[86] Nur die Kompetenzen oberster Verfassungsorgane werden als Rechte angesehen: *Anschütz* RV Art. 19 Bem. 7; *Triepel*, Delegation S. 89; *Thoma* HDStR II S. 612—616; *Friesenhahn* HDStR II S. 524 ff., Thoma-Festschrift S. 36, 37, ZSchweiz. R. 73, 129 (141); *Drath* VVStRL 9, 76 Anm. 50; *Schumann* S. 7 a; *Goessl* S. 54. Geiger NJW 1954, 1057 und *Kadenbach* AöR 80, 404 sehen in der Ausgestaltung der Kompetenzen als Rechte lediglich eine juristische Fiktion.

[87] Im Zivilprozeß muß das festgestellte Rechtsverhältnis in „den Rechtsbereich des Klägers hineinwirken": BGH LM 4 zu § 325, RG 170, 358 (374). Rechte und Rechtsinteressen stehen gleich bei Art. 19 Abs. 4 GG: *Dürig* MD Art. 19 Abs. IV Rdnr. 34 mit weiteren Nachweisen über das terminologische Problem.

organs resultiert. Das Antragsrecht könnte unter dem Vorbehalt dieser Interessen stehen, d. h. die Verfassung könnte die Ausübung des Antragsrechts insoweit eingeschränkt haben, als das Interesse an der Prüfung gerade dieser Norm im Zusammenhang mit den speziellen Aufgaben des Antragstellers entstanden sein muß[88]. Wo ein solcher Zusammenhang fehlt und die Frage, ob die zu prüfende Norm rechtmäßig ist oder nicht, den Antragsteller selbst nicht berührt, könnte der Antrag unter den obigen Voraussetzungen als unzulässig abzuweisen sein. Anders wäre es, wenn das Antragsrecht unabhängig vom Funktionsbereich des antragstellenden Staatsorgans bestünde, wenn es eine neue selbständige Aufgabe darstellte, nämlich stellvertretend für die Allgemeinheit und in Verfolgung des öffentlichen Interesses an der Rechtmäßigkeit der Vorschriften und an deren Klärung das Bundesverfassungsgericht zur Kontrolle aufzurufen.

b) Das Problem des Feststellungsinteresses im Normenkontrollverfahren wurde bisher wenig erörtert. Da eine eigene Rechtsbetroffenheit des Antragstellers nicht zur Voraussetzung des Verfahrens gehört, hält die h. M. auch ein Feststellungsinteresse des Antragstellers für entbehrlich[89]. Diese These ist noch nicht in allen Kombinationen untersucht worden, insbesondere nicht bei den Extremfällen, in denen sich die Richtigkeit einer theoretischen Behauptung erst erweisen muß. Im folgenden soll an Hand einer ausführlichen Fallbetrachtung die Notwendigkeit eines Feststellungsinteresses, seine mögliche Begründung, erörtert werden; zur Erleichterung des Überblicks sind gewisse Fallgruppen zusammengefaßt, in denen das Feststellungsinteresse unter denselben Gesichtspunkten behandelt werden kann.

2. Das Interesse des Antragstellers bei eigener Streitbeteiligung

Unproblematisch ist das Feststellungsinteresse des Antragstellers dann, wenn er die abstrakte Normenkontrolle wegen eines Streits um seine Kompetenzen beantragt. Oben wurde bereits erwähnt, daß die abstrakte Normenkontrolle zur Erledigung solcher Verfassungsstreitigkeiten geeignet sein kann. Im folgenden sind die hierher gehörigen

---

[88] Das ist wohl das „Sachinteresse", von dem *Drath* in Festschrift für den Juristentag S. 91 spricht und das er für eine Voraussetzung des Antragsrechts hält.

[89] Das Feststellungsinteresse wird nämlich als *Rechtsschutzinteresse* aufgefaßt, wodurch die Frage nach der Rechtsbetroffenheit wieder auftaucht: *Lechner* BVerfGG § 13 Ziff. 6 Anm. 6 b; § 76 Anm. 4 b; BVerfGE 1, 407; *Holtkotten* BK Anm. II B 2 c β zu Art. 93; *Renck* JZ 1964, 250 unter III; *Friesenhahn* ZSchweizR. 73, 129 (138); *Drath*, Festschrift der FU S. 91 Anm. 10; *Geiger* DöV 52, S. 481 (485).

Fälle aufzuzeigen. Sie bilden zwei Gruppen: Die Bund-Land-Streitigkeiten und die Organstreitigkeiten.

a) Das Bundesverfassungsgericht überprüft bei der abstrakten Normenkontrolle eine Norm u. a. darauf, ob die erlassende Stelle innerhalb
ihrer Kompetenzen handelte. Die Gesetzgebungskompetenzen sind
häufig Anlaß von Streitigkeiten zwischen *Bund und Ländern*, da die
Überschreitung der Kompetenz des einen Normsetzers die Kompetenz
des anderen Gesetzgebers verletzt. In einem solchen Streit nehmen die
Regierungen Rechte ihres Staates wahr; die Bundesregierung tritt für
die Rechte des Bundes, die Landesregierung für die Rechte ihres Landes
ein. Diese Vertretungsbefugnis erkennt § 68 BVerfGG ausdrücklich für
alle zwischen Bund und Ländern spielenden Streitigkeiten an. Die
von den Regierungen eingeleitete Normenkontrolle ergibt dann, ob
eine Kompetenzverletzung vorliegt, deren Sanktion in der vom Bundesverfassungsgericht festzustellenden Nichtigkeit besteht.

Das Normenkontrollverfahren darf nicht nur derjenige einleiten, der
sich durch das Gesetz verletzt fühlt. Auch der Gesetzgeber der fraglichen Norm, dessen Kompetenz bestritten wird, kann die Initiative
ergreifen und das Bundesverfassungsgericht anrufen mit dem Ziel, eine
allgemein-verbindliche Feststellung der Rechtmäßigkeit und Gültigkeit
seiner Norm zu erlangen[90]. Vier Fälle können vorkommen:

1. Die Bundesregierung läßt eine Landesnorm prüfen, weil sie
   Bundeskompetenzen verletze[91].

2. Die Landesregierung läßt eine Bundesnorm prüfen, weil sie
   Landeskompetenzen verletze[92].

3. Die Bundesregierung läßt eine Bundesnorm prüfen, von der eine
   Landesregierung behauptet, sie verletze Landeskompetenzen.

4. Eine Landesregierung läßt ihre Landesnorm prüfen, von der die
   Bundesregierung behauptet, sie verletze Bundeskompetenzen[93].

---

[90] Die Zulässigkeit eines auf Feststellung der Vereinbarkeit gehenden Antrags entnehmen *Schäfer* JZ 1951, 199 (201) und *Spanner* Oestr. Z. f. ö. R. 5,
312 (319) nur dem § 76 Nr. 2 BVerfGG und nicht dem Art. 93 I Nr. 2 GG,
A. A., aber zutreffend, das Bundesverfassungsgericht in E 1, 184 (196): Auch
nach § 76 BVerfGG kann der Antragsteller die Norm für gültig halten.

[91] BVerfGE 8, 105.

[92] BVerfGE 1, 18; 5, 25.

[93] Ein Beispiel für den letzten Fall bietet das Fernsehurteil, BVerfGE 12,
205. Dort ließ der Senat von Hamburg das hamburgische Vertragsgesetz
überprüfen, welches die Bundesregierung für grundgesetzwidrig hielt und
durch die Errichtung einer eigenen Fernsehanstalt mißachtet hatte. Auf die
Frage, ob die „Zweifel" der Bundesregierung hier den Voraussetzungen
des § 76 BVerfGG genügten, wird noch einzugehen sein (unten S. 66 u. 81).

b) Die *Regierung* des Bundes oder eines Landes tritt als selbständiger Rechts- oder Kompetenzträger innerhalb ihrer Staatsordnung anderen Staatsorganen gegenüber. Streitigkeiten über ihre eigenen Rechte gehören zu den *Organstreitigkeiten,* deren Anlaß auch Normen sein können.

aa) Nach dem Grundgesetz[94] und allen Landesverfassungen[95] sind die *Regierungen* befugt, Rechtsverordnungen zu erlassen. Durchweg bedürfen sie dazu einer gesetzlichen Ermächtigung. Soweit sie die Ermächtigungen überschreiten oder ohne Ermächtigung Rechtsnormen setzen, greifen sie in das Recht zur Gesetzgebung ein, das dem Parlament, auf Bundesebene auch dem Bundesrat, zusteht. Daraus können sich Organstreitigkeiten zwischen Regierung und Parlament entwickeln, der klassische Fall der Verfassungsstreitigkeit im 19. Jahrhundert[96].

Heute spielen eine größere Rolle die Organstreitigkeiten zwischen der Regierung und den Teilen des Parlaments, die von der Opposition gebildet werden und nach § 64 Abs. 1 BVerfGG zur Verfolgung der dem Parlament zustehenden Rechte befugt sind. Nach der Rechtsprechung des Bundesverfassungsgerichts steht diese Befugnis aber nur solchen Organteilen zu, deren Aufgabe es ist, „die Arbeit des Gesamtorgans zu ermöglichen"[97], die also ständig existent sind und sich nicht erst ad hoc bilden. Behauptet ein solcher Parlamentsteil, etwa eine Fraktion, die Regierung habe in einer Verordnung die Ermächtigung überschritten oder ohne Ermächtigung gehandelt und damit in die Kompetenz des Parlaments eingegriffen, so ist eine Organstreitlage gegeben, die das Interesse der Regierung begründet, die Normenkontrolle zur Bestätigung der eigenen Kompetenz einzuleiten. Diese Rechtslage war in einer Entscheidung des Bundesverfassungsgerichts gegeben[98], in der eine Landesverordnung für nichtig erklärt wurde, deren Zulässigkeit eine Landtagsminderheit angezweifelt hatte. Die Landesregierung hatte in diesem Fall das Bundesverfassungsgericht allerdings mehr aus dem Grunde angerufen, weil die Landesgerichte die Verordnung nicht anwendeten.

---

[94] Art. 80 Abs. 1 GG.

[95] Verfassungen von *Bad.-Württb.* Art. 61 Abs. 2; *Berlin* Art. 47; *Bremen* Art. 124; *Hamburg* Art. 53; *Hessen* Art. 118; *Rheinland-Pfalz* Art. 110. Die Verfassungen *Niedersachsen* Art. 34, *Nordrhein-Westfalen* Art. 70, und *Schleswig-Holstein* Art. 33 regeln nicht, wer die Verordnungen zu erlassen hat.

[96] So wurde der Begriff Verfassungsstreitigkeit in Art. 76 RVerf. 1871 jedenfalls verstanden, s. *Goessl* S. 27.

[97] BVerfGE 2, 143 (160, 166); s. *Goessl* S. 156 ff., für die Zulässigkeit einer Prozeßstandschaft eines Organteils.

[98] BVerfGE 2, 307.

Verordnungen sind nicht die einzig möglichen Streitobjekte bei Organstreitigkeiten zwischen Regierung und Parlament, die durch die Normenkontrolle entschieden werden. Es kann auch um Gesetze gehen, welche verfassungsmäßige Rechte der Regierung berühren. Voraussetzung für eine solche Organstreitigkeit ist, daß es einen auch gegenüber dem Parlament verfassungsrechtlich geschützten Kernbereich der Exekutive gibt. Entgegen der Ansicht, daß es einen solchen Bereich nicht gebe[99], daß das Parlament also unbedenklich verwaltende Tätigkeit ausüben dürfe[100], hat das Bundesverfassungsgericht einen Verstoß gegen den Gewaltenteilungsgrundsatz bei einem Gesetz angenommen, das die Verantwortung der Regierung wesentlich beschränkte[101]. Gerade diese Entscheidung erging im Normenkontrollverfahren. Die antragstellende Landesregierung vertrat hier entgegen dem Landtag die Ansicht, daß das Gesetz verfassungswidrig sei. Das Gesetz war also Anlaß und Objekt eines Verfassungsstreites zwischen Parlament und Regierung, den die Normenkontrolle beseitigte.

Weitere Organstreitlagen können sich ergeben, wenn andere Verfassungsorgane mit der Regierung über die Gültigkeit von Gesetzen streiten. Daß die Regierung in solchen Fällen Streitgegner sei, hat das Bundesverfassungsgericht angenommen[102], weil die Regierung durch Gesetzesinitiative, Verkündung und Ausfertigung hinreichend an der Gesetzgebung beteiligt sei. Wenn sich also ein Verfassungsorgan, z. B. eine Partei[103], durch ein Gesetz in seinen Rechten verletzt glaubt, kann es mit der Regierung um die Rechtmäßigkeit der Norm streiten. Würde in einem solchen Streit die Regierung dem Verfassungsorgan zuvorkommen und die Normenkontrolle einleiten, dann läge auch hier eine Organstreitlage vor, der Antragsteller hätte ein eigenes Interesse an der Bestätigung der Kompetenz des Gesetzgebers.

bb) Ebenso wie bei den Regierungen ist auch beim *antragsberechtigten Drittel des Bundestags* ein eigenes Interesse vorhanden, wenn es in einen Verfassungsstreit verwickelt wird. Dies setzt voraus, daß der Organteil ein Träger von Verfassungsrechten ist, in die durch Setzung einer Norm eingegriffen werden könnte. Es liegt nahe, ein solches

---

[99] In diese Richtung zielt *Friesenhahn* VVDStRL 16, 9 ff. (38).

[100] Beispiele bei *Friesenhahn* aaO. S. 38 Anm. 73.

[101] BVerfGE 9, 268.

[102] BVerfGE 1, 208; 4, 31 (36); andererseits hat das Gericht in den Entscheidungen BVerfGE 4, 144 (152); 6, 84; 6, 99 das Parlament für den richtigen Antraggegner gehalten.

[103] Parteien sind im Organstreit nach Art. 93 I Nr. 1 GG parteifähig: BVerfGE 4, 27; 5, 77 (80); 6, 84 (88); 6, 99 (102). Weitere Nachweise über die Rechtsprechung in der Weimarer Zeit bei *Goessl* S. 139 Anm. 584, 585.

Recht dem Art. 79 I zu entnehmen, wonach sich qualifizierte Mehr-
heiten zum Beschluß eines verfassungsändernden Gesetzes zusammen-
finden müssen, so daß schon eine kleine Minderheit das Zustande-
kommen des Beschlusses verhindern kann. Soweit verfassungsändernde
Gesetze ohne diese Mehrheit beschlossen werden, sind die Minder-
heitsrechte verletzt. Allerdings verlangt Art. 79 I für Verfassungsänderungen eine Zweidrittelmehrheit. Ein genaues Drittel der Bundestagsabgeordneten wäre also nicht in der Lage, die Verfassungsänderung
zu Fall zu bringen; es bedarf dazu einer Minderheit, die ein Drittel
übersteigt, also mindestens noch einen Abgeordneten mehr umfaßt[104].

Das Problem des Minderheitsschutzes wurde im EVG-Streit[105] akut.
Das Verfahren kam auf Antrag der den Vertrag ablehnenden Opposition in Gang, während die Gegner, nämlich die Bundestagsmehrheit,
eine Entscheidung des Bundesverfassungsgerichts über Art. 93 I Nr. 1[106],
also im Organstreit zu erlangen suchte[107]. Die Verwandtschaft von
Organstreit und Normenkontrolle tritt im EVG-Streit sehr deutlich
hervor.

Das Antragsrecht in der Hand des Drittels der Bundestagsabgeordneten gibt aber auch der Mehrheit des Bundestags die Möglichkeit,
das Bundesverfassungsgericht anzurufen, denn die Sperre des Drittels
wirkt nur „nach unten", soll also nur verhindern, daß weniger, nicht
aber, daß mehr als ein Drittel der Abgeordneten die Normenkontrolle
einleiten. Es repräsentiert u. U. das gesamte Bundesorgan[108], d. h. es
macht auch Rechte des Bundestags gegenüber anderen Verfassungsorganen geltend. Organstreitigkeiten zwischen Regierung und Parlament anläßlich einer Regierungsverordnung oder eines Gesetzes lassen
sich demnach auf Bundesebene[109] nicht allein durch den Normenkontrollantrag der Regierung, sondern auch den des Bundestags zur
verfassungsgerichtlichen Entscheidung bringen.

---

[104] *Goessl* S. 87.

[105] BVerfGE 1, 396.

[106] BVerfGE 2, 143.

[107] In beiden Verfahren erging Prozeßurteil: Bei der Normenkontrolle
war das Gesetzgebungsverfahren noch nicht abgeschlossen, die Norm noch
nicht entstanden, beim Streitverfahren fehlte es an der Passivlegitimation
und an einer Maßnahme i. S. des § 67 BVerfGG, darüber des näheren
Goessl S. 87, 88.

[108] Daneben tritt die Prozeßstandschaft einer Fraktion, s. oben S. 44 f.

[109] Bei Landesorganstreitigkeiten können nur Landesregierungen den Weg
der Normenkontrolle gehen, BVerfGE 9, 268.

3. Interesse des Antragstellers
aus Kontrollpflichten

Von der These ausgehend, daß ein eigenes Normenkontrollinteresse des Antragstellers dann vorliegt, wenn ihm auf Grund seiner verfassungsrechtlichen Funktion an der richterlichen Kontrolle gerade der zu prüfenden Bundes- oder Landesnorm liegt, ist nunmehr zu fragen, ob die Antragsteller besondere Kontrollpflichten treffen, deren Erfüllung das Antragsrecht im Normenkontrollverfahren ermöglicht.

Nach Friesenhahn[110] hängt eine solche Hüterfunktion davon ab, daß ein Rechtssubjekt durch einen Rechtssatz die Befugnis erhält, über die Einhaltung der durch einen anderen Rechtssatz begründeten Rechtspflichten eines anderen Rechtssubjektes zu wachen, ohne selbst daran beteiligt zu sein[111]. Hierher lassen sich drei Fälle rechnen, bei denen die Kontrollbefugnis zwar nicht immer aus einem speziellen Rechtssatz folgt, aber normierte Pflichten auf das Vorliegen dieser nicht normierten Befugnis hinweisen.

a) Nach Art. 83 GG steht die Ausführung von Bundesgesetzen bei den Ländern, aber die *Bundesregierung* übt die Aufsicht darüber aus, daß die Länder die *Bundesgesetze* dem geltenden Recht gemäß ausführen, Art. 84 III GG.

Ob der Begriff „Ausführung" nur die verwaltende Tätigkeit der Länder oder auch die rechtsetzende umfaßt, ob die Bundesregierung also die Rechtmäßigkeit der das Bundesrecht ausführenden Landesverordnungen, eventuell auch der ausführenden Landesgesetze[112] zu prüfen und bei Mängeln zunächst das in Art. 84 IV vorgeschriebene Rügeverfahren durchzuführen hat, bevor sie das Bundesverfassungsgericht durch den Normenkontrollantrag anrufen kann, ist heute sehr umstritten. Ein Teil des Schrifttums[113] rechnet die gesamte Landesrechtssetzung, soweit sie Bundesgesetze ausführt, generell zu deren Ausführung und hält das Mängelverfahren stets für erforderlich. Die Gegenmeinung[114] beschränkt die Ausführung auf verwaltende Tätig-

---

[110] Thoma-Festschrift S. 41.

[111] Ein Rechtsverhältnis besteht nach Ansicht von *Friesenhahn* zwischen Hüter und überwachtem Rechtssubjekt nicht, es sei denn hinsichtlich der Ausübung des Kontrollrechts. Legt der Hüter die Frage, ob das Rechtssubjekt seiner Pflicht nachgekommen ist, einem Gericht vor, dann entscheidet dieses keinen Rechtsstreit.

[112] Die Kompetenz zum Erlaß dieser ausführenden Landesgesetze richtet sich aber nach Art. 70 ff., nicht nach Art. 83 ff. GG.

[113] *Schneider*, Konkordatsprozeß III, 1022 (1039, 1050); *Schäfer* AöR 78, 12 f.; *Wessel* DV 49, 328; *v. Mangoldt*, Komm. Art. 84 S. 456.

[114] *Maunz* MD Art. 83 Rdnr. 24; *v. Mangoldt-Klein* Art. 28 Anm. V a S. 714; BVerfGE 6, 309 (329); *Frowein* S. 39.

keit, eine Mittelmeinung[115] will bei Landesverordnungen, nicht aber Landesgesetzen, Aufsicht und Mängelverfahren zulassen.

Wenn Art. 84 III die Bundesaufsicht auf Landesnormen erstrecken sollte, dann beruht das Interesse der Bundesregierung an der Normprüfung ausführender Landesrechtssätze auf der durch das Grundgesetz statuierten Kontrollpflicht. Bezieht Art. 84 III dagegen die Landesrechtsetzung nicht ein, so schließt das Antragsrecht im Normenkontrollverfahren immerhin eine Lücke im System der Bundesaufsicht. Denn es ist einleuchtend, daß die Bundesregierung an der Kontrolle jener das Bundesgesetz ausführenden Landesnormen ein weit stärkeres Interesse besitzt als etwa an der Kontrolle der Landesrecht ausführenden Landesverordnungen. Dieses Interesse steht im engen Zusammenhang mit jenen anderen Kontrollrechten, die das Grundgesetz in Art. 84 III GG der Bundesregierung zugewiesen hat.

Es läßt sich also dann, wenn die Bundesregierung Landesverordnungen prüfen läßt, die auf bundesgesetzlicher Ermächtigung beruhen, oder bei Bundesrecht ausführenden Landesgesetzen von einem eigenen Kontrollinteresse sprechen, das gerade diesem Antragsteller gegenüber dieser besonderen Gruppe von Landesnormen eigen ist und aus einer besonderen verfassungsrechtlichen Funktion des Antragstellers erwächst.

b) Nach Art. 28 III gewährleistet der Bund, daß die *verfassungsmäßige* Ordnung in den Ländern den Grundrechten und den Grundsätzen des republikanischen, demokratischen und sozialen Rechtsstaates entspricht und die Gemeinden das Recht der Selbstverwaltung haben. Es ist zwar unklar, wem gegenüber der Bund dazu verpflichtet ist[116], aber es wird deutlich, daß der Bund in gewissem Umfang als Kontrolleur des Landesverfassungsgebers zu fungieren hat. Die Mittel, dieser Pflicht nachzukommen, nennt Art. 28 nicht. Es müssen demnach die sonst vorgesehenen Kontrollwege beschritten werden; der Bundeszwang und die abstrakte Normenkontrolle[117]. Diese ist hier also ein Mittel zur Erfüllung einer dem Bund aufgetragenen, von der Bundesregierung auszuübenden Kontrollpflicht. Wenn die Bundesregierung demnach die Normenkontrolle über Landesverfassungsnormen bean-

---

[115] *Dux* S. 67; *Bullinger* AöR 83, 279 (284).

[116] Nach *v. Mangoldt-Klein* ist „Gläubiger" die oberste Staatsorganisation des Landes, um dessen verfassungsmäßige Ordnung es sich handelt, dessen Staatsvolk, oder die oberste Staatsorganisation anderer Länder oder das Volk im Bundesgebiet, *Maunz* MD Art. 28 Rdnr. 46 meint, es handele sich um eine „objektiv der Bundesverfassung gegenüber" herrschende Pflicht.

[117] Auch gegebenenfalls das Verfahren im Bund-Landstreit, Art. 93 I 3 GG, *v. Mangoldt-Klein* Art. 28 S. 714, wo die Normenkontrolle nicht erwähnt ist.

tragt, von der sie oder andere Stellen einen Verstoß gegen die Grund-
prinzipien der Bundesverfassung, gegen die Garantie der kommunalen
Selbstverwaltung oder gegen die Grundrechte annehmen, dann beruht
ihr Interesse an der Kontrolle auf der Pflicht des Art. 28 III, die sie als
Organ des Bundes zu erfüllen hat. Auch dieses eigene Interesse
erwächst also aus einer besonderen, gerade diesem Antragsteller in
bezug auf Landesverfassungsnormen zustehenden Aufgabe.

c) Eine Hüterfunktion, und zwar gegenüber Bundesrecht, hat schließlich auch das nach Art. 93 I Nr. 2 antragsberechtigte Drittel der *Bundestagsabgeordneten*. Diese Funktion steht selbständig neben dem Interesse
an der Durchsetzung und Behauptung eigener Rechte, das oben erörtert
wurde. Daß damit dem Antragsrecht der Minderheit im Normenkontrollverfahren eine doppelte Bedeutung zukommt, ist das Ergebnis
geschichtlicher Entwicklung:

Weder die Weimarer Verfassung noch der Herrenchiemseer Entwurf
kannten ein Antragsrecht der Abgeordneten. Der im Verfassungsaus-
schuß eingebrachte Vorschlag von Ablaß[118], den Staatsgerichtshof auf
Antrag von hundert Abgeordneten über die Verfassungsmäßigkeit von
Reichsnormen entscheiden zu lassen, wurde abgelehnt, eine Folge davon, daß man sich über den gesamten Komplex des richterlichen Prüfungsrechts nicht einigen konnte. Auf dem 33. Deutschen Juristentag
1925[119] forderte dann Graf Dohna für ein Drittel der Reichstagsabgeord-
neten erneut das Recht, den Staatsgerichtshof zur Normenkontrolle
über Reichsgesetze aufzurufen. Seine Begründung stützte sich ausschließlich auf den „subjektiven" Rechtsschutzgedanken: Da der Reichstag die Frage, ob bei einer Vorschrift die Verfassung geändert werde
und das dafür vorgeschriebene Verfahren einzuhalten sei, mit einfacher
Mehrheit entscheiden könne, sei das Recht der Minderheit, eine Verfassungsänderung zu verhindern[120], der Willkür der Mehrheit schutz-
los preisgegeben; der Minderheit müsse die Möglichkeit eröffnet werden, die Frage dem Staatsgerichtshof vorzulegen. Auf dem folgenden
Juristentag 1926[121] stand ein Gesetzesentwurf über die Prüfung der
Verfassungsmäßigkeit von Vorschriften des Reichsrechts zur Dis-

---

[118] 39. Sitzung vom 6. 6. 1919 Vertr. d. Verfg.Dt.NatVers. Bd. 336 Aktenstück
Nr. 391, S. 483.

[119] Verhdlg. d. 33. Juristentags S. 31 ff. 3. Leitsatz S. 40, 41.

[120] Art. 76 WRVerf.; *Triepel* ergänzte in der Diskussion den Vorschlag
Dohnas, indem er das Drittel als ein Drittel der Anwesenden bei Anwesen-
heit von mindestens zwei Dritteln der gesetzlichen Mitgliederzahl konkreti-
sierte. Ein genaues Drittel könnte durch eine Verfassungsänderung noch gar
nicht verletzt sein, weil sie sie nicht verhindern konnte. s. Seite 62 d. Verhdl.
d. 33. DJT.

[121] Verhdl. d. 34. Deutschen Juristentags S. 193 ff.

kussion[122]. Hier griff Anschütz den Gedanken Dohnas auf und verlangte die Antragsberechtigung für die Minderheit von Reichstag und Reichsrat, die ursprünglich nur als einheitliches Organ, also durch Mehrheitsbeschluß, die Normenkontrolle einleiten sollten[123]. Dieser Anregung wurde dergestalt entsprochen, daß der von Külz dem Reichstag vorgelegte Entwurf[124] allein die Minderheiten, also jeweils ein Drittel der Mitglieder beider Gesetzgebungskörperschaften als Antragsteller nannte. Dieser Entwurf wurde jedoch weder beraten noch beschlossen.

In den deutschen Landesverfassungen nach 1945 erhielten vielfach Parlamentsminderheiten das Antragsrecht zur Normenkontrolle oder einem vergleichbaren Verfahren[125]. Dabei handelte es sich jedoch nicht mehr um eine Form des Minderheitenschutzes. Der Quotient der Abgeordneten entsprach nämlich in vielen Fällen nicht mehr der Sperrminorität bei Verfassungsänderungen. So besitzen in Bremen[126] ein Fünftel, in Hessen[127] ein Zehntel, in anderen Ländern ein Viertel[128] der Abgeordneten das Antragsrecht; aber eine Verfassungsänderung kann von diesen kleinen Minderheiten keineswegs verhindert werden[129]. Hier trägt das Antragsrecht also weniger den Stempel eines defensiven Schutzrechts als den eines aggressiven Kontrollrechts. Dieses Kontrollrecht der parlamentarischen Minderheit würdigt Marcic[130] als eine tiefgreifende Neuerung des modernen Verfassungsstaates, welche den Gedanken der volonté générale zurückdränge zugunsten der Rechtsstaatlichkeit. Wie schon Kelsen[131] meinte, kann bereits die bloße Drohung mit der Anfechtung ein Mittel sein, eine Verfassungsverletzung zu verhindern.

Da das Grundgesetz zu den erwähnten Landesverfassungen erst einem Drittel der Abgeordneten das Antragsrecht verliehen hat und eine Zweidrittelmehrheit für Verfassungsänderungen erforderlich ist,

---

[122] Abgedruckt in DJZ 1926, 836 (843), AöR 50 (1926) S. 287 (288).

[123] § 2 des Gesetzentwurfs von *Anschütz.* Verhdl. d. Deutschen Juristentags S. 194.

[124] RTags-Drs. 1926 Nr. 2855.

[125] In Bremen besteht z. B. eine Zuständigkeit des Staatsgerichtshofs zur Entscheidung von staatsrechtlichen Fragen schlechthin, Art. 140 Brem.Verf.

[126] Art. 140 Brem.Verf.

[127] Art. 131 Abs. 1 Hessische Verfassung.

[128] Art. 65 Abs. 2 Hamburgische Verfassung.

[129] In Bremen erfolgt die Verfassungsänderung durch Volksentscheid oder einstimmigen Beschluß der Mehrheit der gesetzlichen Mitgliederzahl der Bürgerschaft, Art. 125 Brem.Verf.; in *Hessen* müssen Landtagsmehrheit und Volksmehrheit zusammen stimmen, Art. 123 Hess.Verf.

[130] *Marcic* S. 359; ähnlich *Eschenburg* S. 778, 781. Bedenken gegen dieses Antragsrecht wegen Mißbrauchsgefahr: *Lechner,* Grundrechte III S. 643 (666).

[131] *Kelsen* VVDStRL 5, S. 75.

scheint es hier wieder um den Minderheitsschutz und nicht nur um Minderheitskontrolle zu gehen. Es stehen wohl beide Interessen nebeneinander.

Die Kontrolle der Minderheit bezieht sich nicht allein auf die Normsetzung durch das Parlament (Gesetze), sondern auch auf die Normsetzung durch die Regierung (Verordnungen). Diese Kontrolle der Minderheit rechtfertigt sich aus dem parlamentarischen Regierungssystem. Die Opposition hat hier die frühere Aufgabe des Parlaments übernommen, die Regierung zu kontrollieren, welche jetzt, getragen von der Mehrheit des Parlaments, mit dieser eine Front bildet. Es läßt sich also bei dem Bundestagsdrittel von einer bestimmten Hüterrolle sprechen, von der historisch gewachsenen Aufgabe, Rechtskontrolle über die Normsetzung der Parlamentsmehrheit und der Regierung zu üben. Insofern besteht bei der Normenkontrolle über Bundesnormen ein eigenes Interesse der Bundestagsabgeordneten. Das Antragsrecht im Normenkontrollverfahren ermöglicht es der Minderheit, diese ihre Aufgabe zu erfüllen.

4. Das Interesse des Antragstellers bei Mitwirkung am Erlaß der Norm

Schwächer und daher schwerer zu begründen ist das Interesse der Antragsteller bei Normen, an deren Setzung sie selbst mitgewirkt haben. Hier tritt das Prinzip der Verantwortung in den Vordergrund. Es beherrschte vor allem den bereits erwähnten Gesetzentwurf von 1926, in dem nur die Organe das Antragsrecht erhalten sollten, die an der Reichsgesetzgebung maßgeblich beteiligt und für sie verantwortlich waren: Die Regierung, der Reichstag, der Reichsrat — nicht z. B. die Länder[132], die weiterhin nur im Reich-Länderstreit nach Art. 19 WRVerf. gegen Reichsnormen[133] vorgehen sollten, wo sie aber in eigenen Rechten betroffen sein mußten.

Folgende Fälle stehen hier nebeneinander:

a) Welches eigene Interesse könnten *Landesregierungen* an der Kontrolle ihrer Landesnormen, oder die *Bundesregierung* an der Prüfung von Bundesnormen besitzen? Für diese Frage ist zwischen Gesetz und Verordnung zu unterscheiden.

---

[132] So *Mende,* 34. Deutscher Juristentag Verhdl. S. 218, der meinte, es sei logisch berechtigt, nicht den einzelnen Ländern das Antragsrecht zu geben, weil sie ja durch den Reichsrat an der Reichsgesetzgebung beteiligt seien.

[133] Wo auch prinzipiell über Reichsnormen entschieden wurde, RStGHE 2, LS I S. 156.

Bei Gesetzen ist die Regierung in ihrer doppelten Funktion zu sehen: einmal als Staatsorgan, welches durch das Initiativrecht an der Gesetzgebung mitwirkt[134] — vgl. Art. 76 I GG —, zum anderen als die Spitze der Exekutive, der die Ausführung der Gesetze obliegt.

Die Gesetzesinitiative ist eine Befugnis der Regierung[135], die um so größere Bedeutung hat, als durch den Behördenapparat die Regierung praktisch am ehesten in der Lage ist, Gesetzesentwürfe herzustellen. Die meisten Gesetze gehen auf Regierungsentwürfe zurück und verfolgen politische Ziele der Regierung und der ihr zustimmenden Parlamentsmehrheit. Die Einstellung der Regierung zum Gesetz wird also in der Regel positiv sein, sie wird, wenn nicht gerade eine Organstreitlage Gegensätze zwischen ihr und dem Parlament aufreißt[136], die Rechtmäßigkeit des Gesetzes behaupten und den Bedenken anderer entgegentreten. Ihr Interesse richtet sich auf die Erhaltung der Gesetze und deren Verbindlichkeit, weil sie ihre eigenen Ziele mit denen des Gesetzes identifiziert oder durch das Gesetz zu erreichen sucht.

Denkbar ist aber auch, daß sie eigene Bedenken hat[137], etwa bei der Gesetzesinitiative aus dem Parlament, oder bei Regierungswechsel. Wenn sie, um die Anwendung einer vielleicht rechtswidrigen Norm zu verhindern, dann die Normenkontrolle einleitet, so tritt sie auch in ihrer zweiten Eigenschaft auf, als die dem Parlament verantwortliche Spitze der Exekutive, die die Gesetze auszuführen und die Verwaltung zu leiten hat. Zwar steht ihr zur Durchsetzung der Gesetze ein staatlicher Zwangsapparat zur Verfügung, aber die ausgedehnten Rechtsschutzmöglichkeiten des Bürgers[138] und das umfassende Prüfungsrecht der Gerichte[139] nötigen ihr schon im voraus ein gewisses Legalitätsinteresse auf. Ob dies so weit geht, daß die Regierung während des Normenkontrollverfahrens die Ausführung suspendieren

---

[134] BVerfGE 4, 31 (36).

[135] In allen Ländern hat die Regierung die Gesetzesinitiative, nur in Niedersachsen Art. 33 Abs. 3 können Gesetze vom Ministerium dem Landtag vorgelegt werden.

[136] Tatsächlich war der einzige Fall, in dem eine Regierung das eigene Gesetz für verfassungswidrig hielt, jener Organstreit in BVerfGE 9, 268.

[137] Bedenken eines Ministeriums an einem Landesgesetz bildeten immerhin den Anlaß zur RG-Entscheidung in RG LS I S. 496.

[138] Daß Art. 19 IV dem Bürger Rechtsschutz auch vor Eingriffen durch die Legislative gibt: *Bettermann* AöR 86, 154, 155; *Bachof* AöR 86, 188; *Dürig* MD Art. 19 Abs. 4 Rdnr. 18; *Wernicke* BK Art. 19 Anm. II 4 e, und *v. d. Heydte* VVDStRL 8 (1950) S. 162/163 (Diskussionsbeitrag). A. A. *Hesse*, Rechtsschutz S. 90; *Klein* VVDStRL 8 (1950) S. 67 (106, 10); *Friesenhahn* DV 49, 482.

[139] Nach Art. 100 I müssen die Gerichte nur bei nachkonstitutionellem Gesetzesrecht verfahren: BVerfGE 1, 197 ff.; 2, 124.

darf[140], erscheint indessen fraglich. Es wäre zwar wünschenswert im Interesse der Rechtmäßigkeit staatlichen Handelns; aber das Antragsrecht könnte dann dazu mißbraucht werden, die Ausführung eines der Regierung unliebsamen Gesetzes hinauszuschieben. Die Verantwortung für die Rechtmäßigkeit des verwaltungsmäßigen Tuns steht im Vordergrund, wenn die Regierung Altnormen[141], also vorkonstitutionelle Gesetze, prüfen läßt, die sich noch in Anwendung befinden. Gerade im Bereich der rechtsanwendenden Verwaltung hat die Regierung als Spitze der Verwaltung ein eigenes Interesse an der Rechtmäßigkeit der auszuführenden Normen.

Diese rechtliche Situation kompliziert sich bei der Bundesregierung insofern, als die Ausführung der Bundesgesetze in der Regel nicht der ihr unterstehenden Bundesverwaltung, sondern den Ländern obliegt, Art. 83. Auf diese bezieht sich grundsätzlich die Bundesaufsicht. Wenn bei den Landesbehörden Bedenken auftauchen, ob das von ihnen auszuführende Bundesgesetz verfassungsmäßig ist, so kann die Bundesregierung die Normenkontrolle beantragen, obwohl sie selbst den gegenteiligen Standpunkt vertritt. Ihr Interesse ergibt sich, wie in den oben dargestellten Fällen, aus der Mitwirkung an der Gesetzgebung und aus der Überwachungsfunktion bei der Ausführung[142]. Die Zwischenschaltung der Länder ändert an der Art dieser Interessen nichts, wenngleich angesichts der Antragsbefugnis der Landesregierung die Bundesregierung eher geneigt sein wird, die Normenkontrolle einzuleiten, als bei der ihr unterstehenden Bundesverwaltung, bei der sie ihre Meinung autoritativ durchsetzen kann.

Eine andere Problematik eröffnet sich bei den Verordnungen[143], weil es sich dabei um Normen handelt, die der Disposition der antrag-

---

[140] Vgl. *Maunz-Dürig* Art. 20 Rdnr. 66; die Aussetzung wird vor allem bei den unteren Behörden diskutiert; *Bachof* AöR 87, 1 (7) weist auf alle Fälle hin, in denen die Aussetzung einer definitiven Nichtanwendung gleichkommt. *Götz* NJW 60, 1177 (1180) stellt darauf ab, ob die Aussetzung den Sinn des Gesetzes vereitele. *Rönitz* lehnt sie ab, weil auch das BVerfG eine einstweilige Anordnung wegen des Übergriffs in die vollziehende Gewalt nur beschränkt zulasse. NJW 1960 S. 226 (227). Dagegen mit Recht *Michel* NJW 1960, 841 (842).

[141] Diese sind im Verfahren des Art. 93 I Nr. 2 GG nachprüfbar: BVerfGE 2, 124 (131).

[142] In der Ausübung der Aufsichtsrechte untersteht die Bundesregierung der parlamentarischen Kontrolle. Der Bundestag kann jedoch keine Weisungen erteilen: *Maunz* MD Art. 37 Rdnr. 43; *Zeidler* DVBl. 60, 573 (577); *Schäfer* AöR 78, 47; *Giese* Komm. Art. 37 Anm. 222. Wohl aber gewisse Empfehlungen: *Maunz* MD Art. 37 Rdnr. 45 Anm. 1; notfalls kann der Bundestag die Regierung stürzen: *Eschenburg* S. 624.

[143] Der abstrakten Normenkontrolle unterliegen auch diese Normen. BVerfGE 1, 184 (196). In den abstrakten Normenkontrollverfahren BVerfGE 1, 117 (126); 2, 307; 8, 71; 12, 341 waren Rechtsverordnungen Gegenstand des Verfahrens.

stellenden Regierung unterliegen. Zwar ist hier eine funktionelle Beziehung vorhanden, weil die Regierung für die Rechtmäßigkeit der Verordnung die Verantwortung trägt und Interesse an ihrer Gültigkeit hat. Aber bei Zweifeln könnte es Aufgabe der antragstellenden Regierung sein, die Norm zu korrigieren, abzuändern oder aufzuheben. Das Normenkontrollverfahren könnte angesichts dieser Dispositionsbefugnis des Antragstellers ein unangemessenes Mittel sein.

So wurden im Verfahren des § 25 VGG, dem Vorläufer der verwaltungsgerichtlichen Normenkontrolle nach § 47 VWGO, Anträge von Behörden, die die zu prüfende Vorschrift selbst erlassen hatten, abgewiesen mit der Begründung, daß das Rechtsschutzbedürfnis fehle, da der Antragsteller die Vorschrift selbst aufheben könne[144]. Das führt zu der Frage, ob die Verfügungsmacht des Antragstellers über den Prüfungsgegenstand den mit dem Normenkontrollantrag begehrten objektiven Rechtsschutz entbehrlich macht.

Die Frage ist zu verneinen, wenn der Antragsteller die Verordnung für rechtmäßig hält und dies allgemein-verbindlich festgestellt wissen will. Dann will er die Verordnung gerade nicht ändern, sondern ihre Verbindlichkeit durch die Rechtskraft des Normenurteils besonders gegenüber den Gerichten festigen. Wenn die Regierung Bedenken hat, ob die Verordnung rechtmäßig ist, entsteht das Problem, ob nicht die Regierung ihre Bedenken selbst entscheiden müsse. Aber der zweifelnde Antragsteller kann schon deshalb nicht auf die Möglichkeit der Änderung hingewiesen werden, weil er selbst oft gerade nicht weiß, ob er die Norm ändern soll[145], ob also seine Zweifel gerechtfertigt sind und wie er sie ändern soll. Ihm steht also gar keine Alternative zur Verfügung. Daß die Normenkontrolle ihn gleichzeitig der Verantwortung enthebt, ist kein Einwand gegen die Zulässigkeit des Antrags. Das Interesse an der Klärung der Rechtmäßigkeit des Normenbestandes wiegt schwerer als das Interesse, die Entschlußfreudigkeit und das Verantwortungsgefühl des Normsetzers zu steigern.

Dasselbe gilt dort, wo der Antragsteller die Norm für ungültig hält und aufheben könnte. Das Bundesverfassungsgericht kann hier den

---

[144] BayVGH 31. 7. 1950; DöV 1951, 27; *Schoen* DöV 1951, 393; s. auch WürttVGH 26. 1. 1950, DöV 1950, 282 ff.; VGH Stuttgart 2. 7. 1948, BB 1948 S. 454. Wegfall des Rechtsschutzbedürfnisses wegen einfacherer Wege im Zivilprozeß bei *Feststellungsklagen* nach § 256 ZPO, u. U. bei Leistungsklagen: RG 88, 267; *Blomeyer,* Zivilprozeß S. 170. Kein Argument bei der Konkurrenz von Organstreit und Normenkontrolle: *Goessl* S. 221, 222.

[145] Das wäre auch gegen die Entscheidung des VGH Stuttgart vom 2. 7. 48 zu sagen. Im Vordergrund steht dort der prozeßökonomische Gesichtspunkt, der kann auch bei Zweifeln der Behörde am eigenen Recht gewahrt bleiben.

Antrag nicht deshalb als unzulässig abweisen, weil der Antragsteller als Normsetzer die Möglichkeit habe, die Norm durch eine neue Norm rückwirkend aufzuheben. Denn die rückwirkende Aufhebung durch den Normgeber ist kein Rechtsprechungsakt[146]. Der Normsetzer kann nicht sagen, daß eine Norm niemals Rechtens war, sondern nur, daß sie als nicht bestehend behandelt werden sollte. Außerdem können gerade der Rückwirkung rechtsstaatliche Hindernisse entgegenstehen wie der Vertrauensschutz des Bürgers[147] in die Kontinuität der Gesetzgebung (Prinzip der Vorhersehbarkeit), der Schutz wohlerworbener Rechte. Freilich können diese Bedenken bei rechtswidrigen Normen unter Umständen entfallen. Auch hierüber können neue Zweifel und daraus weitere gerichtliche Verfahren entstehen[148], die durch eine Normenkontrollentscheidung des Bundesverfassungsgerichts vermieden würden. Schließlich geht es nicht an, daß das Bundesverfassungsgericht bei der Zulässigkeitsprüfung dem Antragsteller sagt, er könne die Norm rückwirkend aufheben, weil sie rechtswidrig sei, so daß der Rücknahme keine rechtsstaatlichen Gründe entgegenständen. Denn damit würde das Gericht bereits bei der Zulässigkeit über die Hauptsache entscheiden. Angesichts aller dieser Umstände kann ein, wenn auch schwaches, Normenkontrollinteresse des antragstellenden Normsetzers nicht verneint werden.

b) Bei der Kontrolle der Bundesnormen durch die *Bundestagsabgeordneten* beruht das funktionelle Eigeninteresse, wie schon dargelegt[149], auf der Kontrollfunktion der wachenden Opposition. Anders ist der Fall zu beurteilen, daß die Bundestagsabgeordneten die Normenkontrolle einleiten, wenn die Bedenken an anderer Stelle, bei Gerichten

---

[146] Der Gesetzgeber gestaltet die Rechtslage, der Richter erkennt sie, jedenfalls bei einem deklaratorischen Feststellungsurteil. So wird die Normenkontrollentscheidung richtig verstanden: *Bachof* AöR 87; *Goessl* S. 215; *Bettermann* ZZP 72 S. 32 (40, 41); *Arndt* NJW 1959, 2145 (2146); *Maisch* NJW 1959, 1475 (1476); *Müller* DVBl. 1962, 162 f.; *Hamann* NJW 1959, 1465 (1467).

A. A. *Götz* NJW 1960, 1177 (1179); *Rönitz* NJW 1960, 226 (227); *Hoffmann* JZ 1961, 193 (198), die beim Normenurteil Gestaltungswirkung annehmen.

[147] Die Grundsätze des Vertrauensschutzes spielen vor allem im Verwaltungsrecht bei der Rücknahme begünstigender, rechtswidriger Verwaltungsakte eine Rolle, st. Rspr. des BVerwGE seit BVerwGE 5, 312; so auch *Maunz-Dürig* Art. 20 Rdnr. 147; *Menger* Verw.Arch. Bd. 49 S. 368 (374), Bd. 50, 77 (86); NJW 1954, 1425; 1958, 1065; DVBl 1957, 506; *Dickemann* DöV 1957, 278 ff. Kritisch *Forsthoff* DöV 1959, 41; Verw.R. S. 240.

[148] Die aufhebende Norm unterläge ihrerseits der gerichtlichen Prüfung, während die Feststellung des BVerfG die Gerichte bindet, wobei allerdings Zweifel hinsichtlich der durch § 79 BVerfGG beschränkten Rückwirkung eintreten können.

[149] s. o. S. 38 ff.

oder Behörden, auftreten[150]. Einem solchen Antrag läge nicht das Interesse an der Kontrolle von Parlamentsmehrheit und Regierung zugrunde, sondern das Interesse des Gesetzgebers an der Erhaltung und Beachtung der von ihm gesetzten Normen. In dieser Weise könnten die Bundestagsabgeordneten nicht nur an der Kontrolle von Bundesgesetzen, sondern auch von Bundesverordnungen interessiert sein, da diese oft der Durchsetzung der gesetzgeberischen Absichten dienen. Das Auffallende an dem Antrag wäre, daß die Bundestagsabgeordneten ohne den Umweg über die Regierung Justiz und Verwaltung kontrollieren und durch ein alle bindendes Verfassungsurteil zum Gesetzesgehorsam anhalten könnten.

5. Fälle zweifelhaften Eigeninteresses des Antragstellers

In den folgenden Fällen ist das Interesse des Antragstellers an der Kontrolle einer Bundes- oder Landesnorm entweder so vage oder allgemein, daß es sich vom allgemeinen Verfahrenszweck kaum mehr abhebt, oder es ist nur noch politisch, nicht aber rechtlich zu begründen. Hier entscheidet sich also die Frage, ob es auf das Sachinteresse ankommt oder ob es genügt, daß der Antragsteller die Kontrolle im allgemeinen Interesse einleitet.

a) Wo liegt das eigene rechtliche Interesse einer Landesregierung, die eine Bundesnorm prüfen läßt, bei der nicht die Kompetenz des Bundes, sondern die Vereinbarkeit mit Grundrechten[151] oder allgemeinen staatsrechtlichen Prinzipien[152] bezweifelt wird? Wo liegt das Eigeninteresse der *Bundesregierung*, wenn sie *Landesrecht* zur Prüfung stellt, bei der Rechte des Bundes nicht verletzt sind? Hier fehlt es an Streitigkeiten[153], an besonderen Kontrollpflichten und an eigener Verantwortung für die unter eigener Mitwirkung entstandenen Rechtssätze. Zwar kann eine parteigebundene Bundesregierung ein politisches Interesse haben, Länder zu kontrollieren, die von anderen Parteien regiert werden, so wie die Regierung eines solchen Landes aus Partei-

---

[150] Daß das Antragsrecht ursprünglich nicht als Abwehrrecht des Parlaments gegen Gerichte verstanden wurde, sondern Minderheitsschutz bezweckte, sagt zutreffend: H. *Rädle* S. 107.

[151] Vgl. BVerfGE 8, 51, wo die Landesregierung Hessen den Verstoß eines Bundesgesetzes gegen Art. 3 I und Art. 20 rügte.

[152] Gegen ein solches Prinzip, nämlich das Rechtsstaatsprinzip, verstieß das Bundesapothekenstoppgesetz, BVerfGE 5, 25 (31). Die Landesregierung Bayern bestritt die Kompetenz des Bundes, die das BVerfG jedoch bejahte.

[153] Das sieht man daraus, daß in solchen Fällen ein Bund-Landstreit nach Art. 93 I Nr. 3 unzulässig wäre. Vgl. BVerfGE 13, 54 (79) darüber, daß die Länder keinen Klaganspruch haben, daß der Bund die Verfassung beachtet.

gründen zur Kontrolle der Bundeslegislative neigen[154] mag. Aber die politischen Motive begründen noch kein rechtlich relevantes Interesse an der Normenkontrolle. Bei den Ländern kann es hinsichtlich solcher Bundesnormen bestehen, die die Länder auszuführen haben. Hier kann es zu einer Konfliktslage kommen, weil die Länder einerseits zur Ausführung verpflichtet und der Bundesaufsicht unterworfen sind, andererseits der Bindung an das Grundgesetz unterliegen und Verantwortung für die Verfassungsmäßigkeit der Verwaltung tragen. Wenn sie also Bedenken an der Verfassungsmäßigkeit eines von ihnen auszuführenden Bundesgesetzes oder an der Gesetzmäßigkeit einer von ihnen anzuwendenden Bundesrechtsverordnung haben, dann liegt ihrem Normenkontrollantrag ein eigenes sachliches Interesse zugrunde.

Mit dem Antragsrecht zur gerichtlichen Normprüfung erhalten die Regierungen ein Kontrollinstrument, das die Gesetzgeber zur Einhaltung der ihnen gezogenen Schranken anhält. Diese gegenseitige Überwachung mag eine der Intentionen der Verfassung bei der Verleihung des Antragsrechtes gewesen sein: Schon die Paulskirchenverfassung[155] kannte derartige wechselseitige Klagemöglichkeiten, sowohl des Reiches bei Rechtsverletzungen der Länder, als auch der Länder bei Rechtsverletzungen des Reiches. Auch nach der Österreichischen Verfassung von 1920[156] können die Länder überhaupt nur Reichsrecht, das Reich nur Landesrecht vom Verfassungsgericht überprüfen lassen.

Wenn sich demnach diese Kontrolle der Gesetzgeber untereinander noch aus der Spannungslage erklären läßt, die aus der Aufteilung der legislativen Kompetenzen zwischen Bund und Ländern folgt, dann versagt diese Begründung bereits dann, wenn die antragstellenden Regierungen nicht gegen, sondern für die Norm plädieren. Die Bundesregierung hält die zu prüfende Landesverordnung für gültig, aber ein Bundesgericht hat sie als bundesrechtswidrig nicht angewendet. Oder die Landesregierung beantragt die Kontrolle eines Bundesgesetzes, weil Bedenken gegen die Verfassungsmäßigkeit bei Bundesbehörden aufgetaucht sind. Hier herrscht zwar Rechtsunsicherheit, so daß der Zweck der Normenkontrolle gewahrt ist, wenn das Bundesverfassungsgericht die Norm prüft. Aber daß gerade dieser Antragsteller ein eigenes sach-

---

[154] Das kommt deutlich in BVerfGE 8, 51 zum Ausdruck, wo das sozialdemokratische Hessen das die Regierungspartei bevorzugende Einkommensteuergesetz überprüfen ließ.

[155] s. Anm. 55.

[156] *Adamovich-Froehlich* Verfg. S. 1. *Ermacora*, Der Bundesverfassungsgerichtshof S. 80: „der Verfassungsgerichtshof sollte durch die Überprüfung der Verfassungsmäßigkeit der Bundes- und Landesgesetzgebung wechselseitige Eingriffe des Bundes und der Länder in ihre Wirkungskreise zügeln".

liches Interesse an der Kontrolle gerade dieser Norm besitzt, läßt sich nicht nachweisen.

b) Lassen *Bundestagsabgeordnete Landesnormen* kontrollieren, so ist die Rechtslage ähnlich. Streitigkeiten entfallen hier deswegen schon, weil Landesnormen, die gegen Bundesrecht verstoßen, keine Rechte des Bundestags verletzen. Die Rechte des Parlaments bestehen nur innerhalb *einer* Staatsordnung, also jeweils nur auf Bundes- und nur auf Landesebene, und hier nur im Verhältnis der höchsten Verfassungsorgane zueinander[157]. Im Außenverhältnis, zwischen Bund und Ländern, tritt das Organ als Kompetenzträger hinter der einheitlich gedachten Staatsgewalt zurück[158]; dem Staat werden die Handlungen der Organe zugerechnet[159]. Das heißt: Die Rechte des Bundestags können nur von anderen Bundesorganen verletzt werden, nicht von einem Land und dessen Organen. Zwischen Bund und Land bestehen nur staatliche, nicht organschaftliche Beziehungen. Wird der Bund in seinen Rechten und Kompetenzen durch das Land beeinträchtigt, so kann nach § 68 BVerfGG dagegen nur die Bundesregierung klagen. Auch die Aufsichtsbefugnisse, die das Grundgesetz dem Bund über die Länder einräumt, werden von der *Bundesregierung* wahrgenommen. Bei den Bestimmungen über die Ausführung der Bundesgesetze durch die Länder, Art. 83 ff. GG, und beim Bundeszwang nach Art. 37 erklärt sich diese Stellung der Bundesregierung aus ihrer Eigenschaft als Bundesexekutivorgan. Aber auch die Gewährleistungspflicht des Art. 28 III GG, die den Bund über die verfassungsmäßige Ordnung der Länder wachen heißt, hat die Bundesregierung zu erfüllen, da die Mittel, dieser Pflicht nachzukommen, sich in den Möglichkeiten des Bundeszwangs, der Normenkontrolle und des Bund-Landstreites erschöpfen[160, 161]. Schließlich ist

---

[157] Deswegen sind die Länder auch nicht parteifähig im Organstreit des Bundes, Art. 93 I Nr. 1 GG. *Friesenhahn*, Thoma-Festschrift S. 21 (56) Anm. 1; *Holtkotten* BK Art. 93 Anm. III B 1 c; *Grewe* DRZ 1949, 294; *Giese* Komm. Art. 93 Anm. 3; *Arndt* DVBl 1951, 300; *Goessl* S. 114; *Zinn* AöR 75, (1949) S. 304 (305).

[158] BVerfGE 13, 54 (71). Das scheint zweifelhaft, wo Bundesbehörden und Landesbehörden einen einheitlichen Instanzenweg bilden, also bei der Auftragsverwaltung, Art. 85 III, IV, Art. 108 I Satz 3 und II Satz 2. Doch die sich hier entwickelten Streitigkeiten sind ausdrücklich im Bund-Landstreitverfahren zu lösen, Art. 93 I Nr. 2 GG, s. *Goessl* S. 144 Anm. 466.

[159] *Maunz* MD Art. 84 Rdnr. 51; Art. 37 Rdnr. 13; *Schäfer* AöR 78, 1 (42).

[160] *Maunz* MDR Art. 28 Rdnr. 42; *v. Mangoldt-Klein* S. 714.

[161] Strittig ist, ob auch die Bundesaufsicht nach Art. 84 III und IV ein Mittel ist, die Verfassungshomogenität zu gewährleisten. Dafür: *Giese*, Grundgesetz Anm. II 6 zu Art. 28; *v. Mangoldt* Art. 28 Anm. 5 S. 181; *Wernicke* BK Art. 28 Anm. II 3 b. *Maunz*, Staatsrecht S. 175 gegen *v. Mangoldt-Klein* Art. 28 S. 714.
Die Antwort hängt davon ab, ob unter Ausführung der Bundesgesetze auch die Beachtung des Grundgesetzes fällt. Das wird *bejaht* von *Schneider*,

die Bundesregierung verpflichtet, bei ihrer Zustimmung zu den Verträgen der Länder mit auswärtigen Staaten nach Art. 32 III GG die Bundesinteressen wahrzunehmen; die Erteilung oder Versagung der Zustimmung ist ein Regierungsakt, durch den präventive Bundesaufsicht ausgeübt wird[162]. Das Antragsrecht der Bundestagsabgeordneten nach Art. 93 I Nr. 2 stellt also eine Ausnahme von dem Grundsatz dar, daß die Beziehungen zwischen Bund und Ländern zwischenstaatliche sind und von den Regierungen unterhalten werden[163]. Daß ein Teil der Bundestagsabgeordneten die Landeslegislative kontrollieren läßt, kann politisch wichtige Gründe haben. Die bundesparlamentarische Opposition kann auf diese Weise dort Bundesaufsicht ausüben, wo die Bundesregierung dies aus parteipolitischen Rücksichten gegenüber einem parteipolitisch gleichgeschalteten Land unterläßt.

Dieses in seiner rechtlichen Qualität schon zweifelhafte Interesse von Bundestagsabgeordneten an einer „Bundesersatzaufsicht" fehlt hingegen dann, wenn die Bundestagsabgeordneten Landesrecht gegen die Nichtanwendung durch Gerichte verteidigen oder eine sonstige Meinungsverschiedenheit über eine Landesnorm beseitigen wollen. Hier wäre das rechtliche Interesse des Antragstellers so allgemein, wie der Zweck des Verfahrens selbst, darauf gerichtet, Rechtsklärung und Rechtsgewißheit in der Frage einer Normenkollision herbeizuführen. Dieses Interesse hat keine Beziehung zu der speziellen Funktion dieses Verfassungsorgans oder -organteils.

c) Daß eine *Landesregierung fremde Landesnormen* zur Kontrolle stellte, hat sich in der Weimarer Zeit zugetragen, als nämlich das Land Bayern im Verfahren nach Art. 13 Abs. 2 WRVerf. den Normenkontrollantrag über ein thüringisches Gesetz stellte[164]. Später beantragte auch der Reichsinnenminister die Normenkontrolle. Das Reichsgericht prüfte dessen Antrag, stellte die Nichtigkeit der Norm fest und meinte abschließend, von der Entscheidung der Frage, ob der bayerische Antrag zulässig war, absehen zu können. Die Literatur, die im ganzen zu einer sehr extensiven Interpretation des Art. 13 II[165] neigte, erhob hier

---

Konkordatsprozeß III S. 1022 ff.; *Wessel* DV 49, 328; *v. Mangoldt* S. 456; *Bullinger* AöR 83, 279 (302); *Hamann* Komm. S. 361; *Bayer* S. 97; es wird verneint von *Herrfahrdt* BK Art. 84 Anm. II 1; *Kaiser* Z. f. ausl. ö. R. u. VölkerR. 18, 548; BVerfGE 6, 329; *Frowein* S. 35—39; *Dux* S. 50—56; *Scheuner,* Konkordatsprozeß III S. 1141, 1166 ff.

[162] So BVerfGE 2, 370.

[163] Ein ähnlicher Durchgriff auf die Landesgewalt, der nicht von der Regierung, sondern vom Bundestag ausgeht, findet sich im Verfahren des Parteienverbots nach Art. 21 i. V. mit § 43 BVerfGG, denn der Antrag des Bundestags darf sich auch auf reine Landesparteien beziehen, *Lechner* BVerfGG § 43 Anm. 1 und 2.

[164] RG LS IV S. 303 = RGZ 111, 123.

[165] Darüber unten S. 58.

plötzlich Bedenken. Flad[166] hielt Bayern nicht für legitimiert, weil „eine andere Auslegung den Ländern eine Popularklage geben würde, an die in Art. 13 II schwerlich gedacht ist". Ähnlich äußerte sich Merk[167]. Für das Grundgesetz will Friesenhahn[168] den Ländern die Normenkontrolle nur gegenüber eigenem Landesrecht gewähren, ohne allerdings diese Einschränkung zu begründen.

Die Argumentation von Flad mit der Popularklage und dem Legitimationsmangel ist verfehlt: Wenn man die Landesregierung fremdes Recht zur Kontrolle stellen läßt, führt das noch nicht zur Popularklage und nicht zu einer gefährlichen Ausweitung des Verfahrens. Ebensowenig ist der Begriff der Legitimation hier am Platze, weil dieser mit Aktivlegitimation, Rechtsinhaberschaft oder Rechtsbetroffenheit zusammenhängt; diese Begriffe spielen aber in einem Verfahren, das keine Rechte des Antragstellers betrifft, keine Rolle. Flad sagt selbst, daß die Reichs- oder Landesbehörde „den Nachweis eines besonderen rechtlichen Interesses für die Anrufung ... nicht zu führen braucht".

Ein solches rechtliches Interesse ist den Landesregierungen an der Kontrolle fremder Landesnormen nicht einmal generell abzustreiten. Die Länder verhalten sich im Bundesstaat nicht wie souveräne Staaten[169] zueinander; die für sie alle verbindliche Bundesrechtsordnung rückt sie vielmehr in eine nahe rechtliche Gemeinschaft. Ausdruck und Wirkung dieser Gemeinschaft ist die Anwendung des Grundsatzes der Bundesfreundlichkeit auch auf das Verhältnis zwischen den Ländern, der gerade bei der Setzung von Landesnormen zu berücksichtigen ist. Das Bundesverfassungsgericht[170] sagt dazu: „Bleiben die Auswirkungen einer gesetzlichen Regelung nicht auf den Raum des Landes begrenzt, so muß der Landesgesetzgeber Rücksicht auf die Interessen des Bundes und *der übrigen Länder* nehmen." Es mag zweifelhaft sein, ob das Gebot der Rücksichtnahme, zu der die Länder verpflichtet sind, dem benachteiligten Lande einen im Streitverfahren nach Art. 93 I Nr. 4 GG[171] verfolgbaren Anspruch gewährt, aber ein eigenes Interesse der

---

[166] a.a.O. S. 41.

[167] S. 499.

[168] Beiträge S. 49, S. 37 Anm. 88.

[169] Auf das Verhältnis zwischen den Ländern ist — entgegen einer obiter dicto geäußerten Meinung des BVerfG in E 1, 14 (51) — kein Völkerrecht anzuwenden. H. *Schneider* DöV 57, 640 (648) und in VVDStRS 16 (1961) 13, m. Nachw.

[170] BVerfGE 4, 115 (140).

[171] Denn die Bundestreue selbst begründet kein Rechtsverhältnis, BVerfGE 13, 54 (75), sie ist eher eine Rechtsausübungsschranke: *Bayer* S. 65, 72. Ähnlich *Hesse*, Der unitarische Bundesstaat S. 10, der die Notwendigkeit dieses „fundamentalen Grundsatzes unseres Verfassungslebens" (*Maunz* MD Art. 20 Rdnr. 23) überhaupt abstreitet.

Landesregierung, auf das es im Normenkontrollverfahren allenfalls
ankäme, läge bei solchen in den Landesbereich einwirkenden fremden
Landesnormen sicher vor. Die Lebensbedingungen in den Ländern
sind heute durch Technik, Wirtschaft, Verkehr, auch durch die Par-
teienpolitik so eng miteinander verflochten und homogenisiert, daß
jede Landesregelung Wirkungen über den räumlichen Geltungsbereich
hinweg entfaltet und die Interessen anderer Länder berühren kann[172].
Es ist fast keine Landesnorm denkbar, die nicht irgendeine Außenwirkung besäße. Über die erforderliche Intensität der Außenwirkung
Maßstäbe zu entwickeln, würde also zu außerordentlichen Abgrenzungsschwierigkeiten führen.

Hat eine Norm des Landes A zu Auseinandersetzungen zwischen der
Regierung von A und Gerichten, Staatsorganen, vielleicht sogar der
Bundesregierung geführt, und beantragt die Regierung des Landes B
eine Kontrolle jener Norm, so ist nicht einmal jenes Motiv der Ein-
wirkung auf den eigenen Bereich der Grund für den Antragssteller.
Vielleicht will sie die Rechtsfrage als Präzedenzfall klären lassen, um
einen Maßstab für eigene, geplante Normen zu gewinnen. Ein eigenes
Interesse an der Kontrolle gerade jener Norm besitzt sie also nur
mittelbar. Möglich ist auch, daß sie sich nur „einmischt" und die Meinungsverschiedenheit zu beseitigen sucht. Auch hier verflüchtigt sich
das eigene Rechtsinteresse immer mehr.

6. Ergebnis

Der Gang durch die verschiedenen Fallgruppen zeigt, welche Vielzahl von Interessen den Normenkontrollantrag bestimmen kann und
auf welch schwankendem Boden diese Interessen oft stehen. Eine
brauchbare Abgrenzung zwischen diesen je nach gerechtfertigten und
ungerechtfertigten Interessen vermag allenfalls das Erfordernis der
eigenen Rechtsbetroffenheit zu liefern. Danach hätte das Bundesverfassungsgericht wie im Streitverfahren zu prüfen, ob ein verletzbares
Recht vorliegt. Aber eine solche Prüfung findet im abstrakten Normenkontrollverfahren gerade nicht statt. Die vorliegenden Interessen ander-
weitig zu werten, hieße das Normenkontrollverfahren in einen Strudel
von fragwürdigen Differenzierungen ziehen, die unter dem Gesichtspunkt der Rechtssicherheit, der das Verfahren zu dienen hat, höchst
bedenklich erscheinen. Es wäre dann etwa abzuwägen, ob das Interesse
der Landesregierung an der Kontrolle von grundrechtswidrigem Bundesrecht, das Interesse der Bundestagsabgeordneten an der Bundes-

---

[172] Vgl. etwa § 49 II BBesoldG: „Die Dienstbezüge sind — unter Berücksichtigung der gemeinsamen Belange aller Dienstherren — durch Gesetz
zu regeln."

rechtmäßigkeit von Landesrecht, das Interesse einer Landesregierung an der Rechtmäßigkeit fremden Landesrechts genügt, wobei noch zwischen dem Interesse an der Feststellung der Nichtigkeit und dem der Gültigkeit zu unterscheiden wäre. Dabei wären die Maßstäbe fallgebunden, da keine rechtliche Situation, in der sich der jeweilige Antragsteller befindet, einer anderen gleicht.

Obwohl es also im Ergebnis seltsam anmuten mag, daß das Grundgesetz einer Landesregierung die rechtliche Möglichkeit geben sollte, die Geschäftsordnung[173] des Bundestags vor dem Bundesverfassungsgericht prüfen zu lassen, oder daß Bundestagsabgeordnete sich darum kümmern können, ob irgendwelche Gerichte eine Landesverordnung verwerfen, ist im Ergebnis daran festzuhalten: *Der Antragsteller muß kein eigenes sachliches oder rechtlich anzuerkennendes Interesse an der Kontrolle jener Bundes- oder Landesnorm vorweisen, die er zur Prüfung stellt*[174]. Wenn nämlich auch nur in einem einzigen Fall die Zulässigkeit des Antrags mangels eines solchen Interesses verneint werden müßte, dann entstünde in einer Vielzahl von anderen Fällen das Problem, ob und warum dort ein Interesse zu bejahen oder zu verneinen wäre.

Nähere Beziehungen hat das Verfassungsgericht nicht zu untersuchen, wenn auch gewisse staatsrechtliche Grundsituationen, wie etwa die Spannung zwischen Bundes- und Landesgesetzgeber, zwischen Parlamentsmehrheit und -minderheit, oder das Interesse des Gesetzgebers am reibungslosen Vollzug der von ihm gesetzten Normen die Verfassung zur Auswahl gerade jener in Art. 93 I Nr. 2 aufgeführten Antragsteller veranlaßt haben mag. Irgendwelche Interessen werden sicherlich den jeweiligen Antragsteller veranlassen, den Normenkontrollantrag zu stellen; aber sie spielen im Verfahren keine Rolle. Der Antragsteller ist von der Verfassung ermächtigt, die Auslese zwischen den kontrollwürdigen Normen zu treffen, als Hüter der Rechtsordnung und in Vertretung der Allgemeinheit über die Rechtmäßigkeit der Normen zu wachen und in geeigneten Fällen durch Anrufung des Bundesverfassungsgerichts Alarm zu schlagen. Nach alledem erfordert die Zulässigkeit des Normenkontrollverfahrens weder eine Streit- noch eine Rechtsbetroffenheit des Antragstellers, nicht einmal ein besonderes Feststellungsinteresse. Diese Auslegung nach der Zweckbestimmung des Verfahrens erleichtert und erweitert im Vergleich zu den subjektiven

---

[173] Auch sie unterliegen der Normenkontrolle: *Lechner* BVerfGG § 76 Anm. 4 b.

[174] So auch BVerf.GE 1, 208 (220): Er (der Antragsteller) braucht selbst in seinen eigenen Rechten oder rechtlich geschützten Interessen durch die Gültigkeit nicht betroffen zu sein.

4*

Rechtsschutzverfahren die Zulässigkeit des Verfahren erheblich. Doch scheinen Mißbrauch und übermäßige Beanspruchung des Verfassungsgerichts durch die enge Auswahl der Antragsteller genügend gebannt zu sein.

Das Grundgesetz stellt aber eine weitere Voraussetzung auf, welche die abstrakte Normenkontrolle in Schranken halten soll. Sie betrifft die zur Prüfung gestellte Norm und ist im nächsten Abschnitt zu erörtern.

C. Die Umstrittenheit der Norm
(„Zweifel oder Meinungsverschiedenheiten")

Art. 93 I Nr. 2 GG knüpft die Zulässigkeit der Normenkontrolle an die weitere Bedingung, daß über die Vereinbarkeit der zu prüfenden Norm mit dem höherrangigen Recht „Zweifel oder Meinungsverschiedenheiten" bestehen. Die Norm muß also in der genannten Weise umstritten sein, womit sich ein Verdacht für ihre Nichtigkeit ergibt. Nun hat § 76 BVerfGG näher bestimmt, wer an den Zweifeln und Meinungsverschiedenheiten über die Norm beteiligt sein muß. Die Verfassungsmäßigkeit dieser Vorschrift ist aber sehr umstritten. Es gilt daher, zunächst Begriff und Zweck der Voraussetzung näher zu untersuchen und danach im weiteren zu beurteilen, wie weit eine nähere Bestimmung zulässig ist.

I. Begriff und Zweck der Voraussetzung

1. Das Bundesverfassungsgericht darf eine abstrakte Normenkontrolle nur durchführen, wenn die zur Prüfung stehende Norm Gegenstand gewisser *Zweifel* oder *Meinungsverschiedenheiten* ist. Es müssen also Erörterungen über die Norm stattgefunden[175], es müssen sich Meinungen über sie gebildet haben, die das Gericht zur Kenntnis nimmt[176].

a) Die Meinung bejaht die Vereinbarkeit, ist also positiv,

b) die Meinung verneint sie, ist also negativ,

c) die Meinung hält die Unvereinbarkeit für möglich, zieht damit die Vereinbarkeit in Frage, ohne sie zu verneinen, ist also unentschieden oder neutral.

Welche Meinungen verlangt Art. 93 I Nr. 2 GG?

a) Beim *„Zweifel"* wird vom Wortlaut her die hypothetische Meinung gefordert. Dem Zweifler ist die Vereinbarkeit der Norm ungewiß, die gegen sie sprechenden Gründe überzeugen ihn aber noch nicht von ihrer

---

[175] Die Meinungen müssen also geäußert worden sein: *Maunz* MD Art. 31 Rdnr. 18.

[176] Ob Zweifel oder Meinungsverschiedenheiten im einzelnen vorliegen, hat das Gericht von Amts wegen zu untersuchen. § 26 BVerfGG, *Lechner* BVerfGG § 26 Anm. 1 a, nicht nur zu berücksichtigen, wie im Zivilprozeß: *Blomeyer*, Zivilprozeß S. 192, 70.

Nichtigkeit. Der Zweifler erkennt die Norm weder an, noch lehnt er sie als nichtig und ungültig ab. Indem Art. 93 I Nr. 2 GG sich also mit Zweifeln „begnügt", fordert er keine abschließende Meinungsbildung, wie Bachof[177] zutreffend betont. Zu Unrecht sehen andere in dem Merkmal „Zweifel" ein Bestreiten[178]. Der Zweifelnde bestreitet nicht die Rechtmäßigkeit der Norm, er zieht sie nur in Frage. Ist er aber von der Unvereinbarkeit der Norm überzeugt, dann ist durchaus fraglich, ob damit der Tatbestand des Zweifelns erfüllt wird. Dieses Problem soll später behandelt werden[179]; denn vom Begriff her läßt sich keine sichere Auslegung treffen, es kommt vielmehr auf den Zweck der Voraussetzung an.

b) Zweifel können auch bei einer einzigen Partei vorliegen[180], es bedarf hier also nur eines Meinungsträgers. Die Voraussetzung „Meinungsverschiedenheit" fordert dagegen mindestens zwei Meinungen, die sich unterscheiden. Da die drei Möglichkeiten jeweils verschieden sind, kommen zunächst drei Arten von Meinungsdifferenzen in Frage:

1. Zwischen einem negativ und einem positiv Überzeugten,

2. zwischen einem negativ Überzeugten und einem Zweifler,

3. zwischen einem positiv Überzeugten und einem Zweifler.

Mit dem Begriff „Meinungsverschiedenheit" ist aber schwerlich der Unterschied von apodiktischen und hypothetischen Meinungen als vielmehr eine sachliche Differenz[181] gemeint, bei der einer angreifenden kritischen Stellungnahme eine verteidigende gegenübertritt. Da der Zweifler die Norm nicht anerkennt, von ihrer Rechtmäßigkeit ebensowenig überzeugt ist wie von ihrer Rechtswidrigkeit, gehört seine Mei-

---

[177] AöR 87, 1 (24); *Bachof* erblickt den Unterschied zwischen Zweifel und Überzeugung in der juristischen Sachkunde. Danach zweifeln Nicht-Juristen, weil sie die Rechtsfrage nicht beurteilen können, während die Juristen sich auf Grund ihres Einblickes eine Überzeugung bilden können. Es ist jedoch eher umgekehrt, daß der tiefer in die Rechtsfrage Eindringende um so schwerer zu einer juristischen Überzeugung gelangt als der Laie.

[178] *Schumann* S. 72; *Renck* JZ 64 S. 249 1. Sp. Zutreffend spricht *Maunz* von Unklarheit: MD Art. 31 Rdnr. 18, und *Holtkotten* vom *In-Frage-Stellen*, BK Art. 93 Anm. II B 2 c β. *Geiger* § 76 BVerfGG Anm. 8 und *Lechner* BVerfGG § 13 Ziff. 6 Anm. 6 b sind in diesem Punkt undurchsichtig, wie überhaupt das Problem nicht gesehen wird, obwohl der Unterschied für die Verfassungsmäßigkeit des § 76 Nr. 1 BVerfGG bedeutsam ist.

[179] s. S. 103 ff.

[180] Einhellige Meinung: *Holtkotten* BK Art. 93 Anm. II B 2 c β; *Geiger* BVerfGG § 76 Anm. 1; *Lechner* BVerfGG § 13. Für die Weimarer Verfassung *Anschütz* RV S. 106; *Flad* 40, *Wittmayer* 246; *Triepel*, Streitigkeiten 67.

[181] *Maunz* MD 31 Rdnr. 18 meint, bei Meinungsverschiedenheiten halte die eine Seite für vereinbar, die andere (der Antragsteller) für unvereinbar. Ähnlich *Lechner* BVerfGG § 76 Anm. 4.

nung in das angreifende Lager[182]. Meinungsverschiedenheiten im Sinne einer sachlichen Differenz bestehen insofern nur zwischen einem negativ Überzeugten und einem Zweifler auf der einen Seite und einem positiv Überzeugten auf der anderen, nicht aber zwischen einem Zweifelnden und einem negativ Überzeugten, weil hier die Meinungen nur im Grade der Kritik voneinander abweichen.

Ob nach Art. 93 I Nr. 2 GG die beiden übrigen Varianten genügen oder nur die Differenz zweier apodiktischer Meinungen, geht aus dem Wortlaut allein nicht hervor. Die Frage ist insbesondere für das Verhältnis der beiden Voraussetzungen „Meinungsverschiedenheit" und „Zweifel" zueinander von Bedeutung[183]. Wenn nämlich „Zweifel" im Sinne der Verfassung nur bei der hypothetischen, nicht auch bei der apodiktischen Annahme der Unvereinbarkeit vorliegen, und Meinungsverschiedenheiten nur, wenn zwei apodiktische Meinungen aufeinandertreffen, dann stünden die Merkmale alternativ nebeneinander; es lägen entweder Zweifel oder Meinungsverschiedenheiten vor. Anders hingegen, wenn für die „Meinungsverschiedenheiten" auf der kritischen Seite Zweifel ausreichten, und wenn zu den „Zweifeln" auch die einseitige Überzeugung der Nichtigkeit rechnen würde: Dann könnten die Meinungsverschiedenheiten als ein Unterfall der „Zweifel" verstanden werden, die durch das Erfordernis der positiven Gegenstimme die einseitigen „Zweifel" verengten. Es lägen stets auch „Zweifel" vor, wenn „Meinungsverschiedenheiten" gegeben sind, nicht aber auch „Meinungsverschiedenheiten", wenn schon Zweifel herrschen. Eine zutreffende Antwort läßt sich nur aus dem Zweck dieser grundgesetzlichen Voraussetzung entnehmen.

2. Für den *Zweck der Voraussetzung* ist davon auszugehen, daß die abstrakte Normenkontrolle Rechtsgewißheit schaffen und Rechtsschutz vor rangverstoßenden Normen bieten soll. Die Möglichkeit, daß eine Rechtsvorschrift gegen höherrangiges Recht verstößt, ist bei der Unbestimmtheit der grundgesetzlichen Wertbegriffe niemals mit Sicherheit auszuschließen. Jede Kontrolle trägt also dazu bei, die Unsicherheit und Ungewißheit über die Vereinbarkeit von Rechtsvorschriften

---

[182] Daß dem Begriff des Zweifels der Charakter des Widerspruchs eigen ist, geht auch daraus hervor, daß er als euphemistischer Ausdruck für den Streit zwischen dem Monarch und Landständen gebraucht wurde: *Drath* VVDStRL 9, 48 N. 49.

[183] *Maunz* MD Art. 31 Rdnr. 18 hält es für möglich, daß das Grundgesetz einen klaren Unterschied zwischen den Merkmalen nicht hat machen wollen. Dafür spricht, daß die formelhafte Wendung aus Art. 13 Abs. II WRVerf. stammt, auch schon in landständischen Verfassungen vorkam, vgl. *Goessl* S. 23, 24 und dort angeführte Beispiele. Zweifel oder Meinungsverschiedenheiten wäre *ein* Ausdruck für Auseinandersetzungen über Rechtsfragen.

mit höherrangigem Recht zu beseitigen. Jede Kontrolle dient darum
dem Schutz der Rechtsordnung, wenn sie feststellt, ob ein Verstoß gegen
höherrangige Normen vorliegt oder nicht[184]. Die Verfassung lehnt die
Gewährung eines so weit gespannten Gerichtsschutzes jedoch ab und
begrenzt ihn durch die Voraussetzung, daß Zweifel oder Meinungsverschiedenheiten über die Vereinbarkeit der Norm herrschen[185]. Danach
können nur noch solche Normen geprüft werden, bei denen ein gewisses Indiz für ihre Ungültigkeit besteht. Die Möglichkeit des Rang-
verstoßes muß sich zur Wahrscheinlichkeit verdichtet, die allgemeine
Unsicherheit zum konkreten Verdacht gesteigert haben. Das Verfassungsgericht prüft die Normen nicht schon, weil sie als Menschenwerk
Fehler haben können, sondern weil Zweifel und Meinungsverschiedenheiten diese Fehler indizieren. Mit der Voraussetzung „Zweifel und
Meinungsverschiedenheiten" ist also ein Verdachtsmoment bezeichnet,
das den Normen anhaften muß; es soll eine gewisse Auslese nach dem
Kriterium der Umstrittenheit treffen und damit sichern, daß das
Schutzverfahren nicht unnötig mobilisiert wird.

Es ist aufschlußreich, daß in den Normenkontrollverfahren, bei
denen der Gesetzgeber diese Beschränkung unterlassen hat, die Rechtsprechung mit dem Begriff des Rechtsschutzinteresses zu ähnlichen
Ergebnissen gelangt. Beispiele bieten die Entscheidungen[186] im Verfahren nach § 47 VwGO über Anträge der „Behörden", die im Gegensatz zu den „natürlichen und juristischen Personen" keinen Nachteil
durch die Norm erlitten zu haben brauchen. Hier wird die Ansicht vertreten, ein Rechtsschutzinteresse[187] bestehe nur, wenn die Behörde
selbst die Norm für nichtig halte oder sonst Zweifel bestünden[188]; es
entfalle, wenn die Behörde die Feststellung der umstrittenen Gültig-

---

[184] Dies trifft auch bei der sog. präventiven Normenkontrolle zu, wo die
Norm noch nicht verkündet, also nicht entstanden ist, über sie also noch
nicht mit Rechtskraft entschieden werden könnte: darüber vgl. BVerfGE 1,
396 (409), läge aber wohl Gutachtertätigkeit vor, vgl. *Schäfer* DVBl 58, 359
(360).

[185] In Art. 130 Verf. Rh.-Pf. fehlt die Voraussetzung ‚Zweifel oder Meinungsverschiedenheiten'; der Antragsteller muß aber die Verfassungswidrigkeit behaupten, vgl. *Süsterhenn-Schäfer* Komm. Art. 130 Anm. 36 S. 453.

[186] VGH Stuttgart ESVGH 1, 83 (86); BayVGH DöV 51, 27; VGH Stuttgart DöV 1950, 282.

[187] Es geht allerdings nicht um den Rechtsschutz der Behörde selbst, wie
VGH Stuttgart BB 1948, 454 und VGH 1, 83 (86) und wohl auch *Schoen*,
Jellinek-Gedächtnisschrift S. 407 (409) annehmen.

[188] BayVGH 1951, 27 (28); VGH Stuttgart DöV 1950, 282; s. auch *Menger*,
System S. 92; *Schoen* 1951, 393 (399) und Jellinek-Gedächtnisschrift S. 407
(408); *Bergmann* Verw.Arch. 51 (160) S. 36 (55); *Eyermann-Fröhler* VVG
S. 98; VwGO § 47 Rdnr. 26; *Hufnagl* VVG S. 139; *Masson* BayVerwBl. 57,
233 (235).

keit der Norm begehre[189]. Die Begründung dafür lautet, daß auch für
Entscheidungen nach § 47 VwGO eine Störung des Rechtsfriedens vorausgesetzt werde: „Wo keine Streitlage gegeben ist, wo nichts bestritten wird, nichts angegriffen, da fehlt eine Grundvoraussetzung
für das Tätigwerden der Gerichte[190]." Hier klingt etwas von dem von
Bötticher[191] entwickelten Rechtsprechungsbegriff an, nämlich daß
Rechtsprechung notwendig streitentscheidend sein müsse. Aber das
Begriffselement „Streit" wird über Gebühr strapaziert, wenn es bereits bei der negativen Meinung einer Behörde von der Gültigkeit
einer Norm angenommen wird. Richtig ist nur, daß bei einer derartigen
Überzeugung des Antragstellers oder bei sonstigen Zweifeln die zu
prüfende Norm einen Rechtsverstoß eher vermuten läßt, als wenn sie
von keiner Seite verdächtigt wird. Während bei der abstrakten Normenkontrolle nach Art. 93 I Nr. 2 die hohe Stellung der Antragsteller ga-
rantieren soll, daß die vorgetragenen Fälle von Gewicht und allgemeiner Bedeutung, also *prüfungswürdig* sind, soll die Voraussetzung
„Zweifel oder Meinungsverschiedenheiten" gewährleisten, daß die Normen umstritten sind, Rechtsunsicherheit und einen gewissen Verdacht
ihrer Nichtigkeit hervorgerufen haben, also *prüfungsbedürftig* sind.

II. Notwendigkeit der Konkretisierung

Freilich bestehen erhebliche Bedenken, ob die Voraussetzung „Zweifel oder Meinungsverschiedenheiten" ein geeignetes Mittel zur Begrenzung der abstrakten Normenkontrolle darstellt. Eindeutig sind damit
nur die Fälle ausgeschlossen, in denen der Antragsteller von der
Gültigkeit der Norm, wie jedermann, überzeugt ist. Sonst wird es
kaum jemals an Zweifeln fehlen. Einwände gegen Gesetze liegen heute
in der Luft, wie Bachof[192] treffend bemerkt, eine Folge der Unbestimmtheit der Verfassungsbestimmungen und der ausgedehnten Prü-
fungsmöglichkeiten der Gerichte. Es kommt für die Schwere des
Verdachts, für die Maßgeblichkeit des Zweifels auf die Personen an,
die an ihm beteiligt sind, und auf die Umstände, unter denen der
Zweifel entsteht. Für diese Frage, wer nach Art. 93 I Nr. 2 GG zweifeln
oder in Meinungsverschiedenheiten geraten sein kann, ist noch einmal

---

[189] BayVGH DöV 1951, 27 (28); *Schoen*, Jellinek-Gedächtnisschrift a.a.O.

[190] BayVGH DöV 1951, 27 (28).

[191] ZZP 51 (1926) S. 201. Ihm folgen *Friesenhahn*, Thoma-Festschrift S. 62;
Wolff, Verwaltungsrecht S. 67; *Schoen*, Jellinek-Gedächtnisschrift S. 407; *Ule*
JZ 1958, 628; *Anschütz* Hdb. Politik S. 302; *W. Jellinek* VerwR. S. 5.
Dagegen *Bettermann* ZZP 72, 37; *H. Krüger*, Smend-Festschrift 1962, 158;
Bergmann Verw.Arch. 191 (204); *Goessl* S. 43; *Stern* S. 112; *Müller* DVBl
1962, 161 f.; *Menger*, System S. 40 ff.

[192] AöR 87, 20.

auf Art. 44 HChE und Art. 13 II WRVerf. zurückzugehen. Denn nach dem Willen des Grundgesetzgebers[193] sollten die Begriffe ebenso verstanden werden wie in Art. 13 II RVerf., der die Anrufung des Staatsgerichtshofs zuläßt, wenn „Zweifel oder Meinungsverschiedenheiten darüber bestehen", ob eine Landesrechtsvorschrift mit dem Reichsrecht vereinbar ist.

1. Art. 13 II WRVerf.

In den Entwürfen zur WRVerf. stand an Stelle der Formel „Zweifel oder Meinungsverschiedenheiten" noch der Begriff „Streitigkeiten"[194]; er wurde ersetzt, weil er zu eng gefaßt war. Nach der Begründung des Berichterstatters Kahl[195] sollte das Verfahren vor allem den Verwaltungsbehörden Rechtsklärung verschaffen, die die Landesvorschriften unter Beachtung des Art. 13 I „Reichsrecht bricht Landesrecht" anzuwenden hatten[196]. Vor der Weimarer Zeit konnten die Behörden die Frage, ob eine Normenkollision vorlag, nur über den Umweg der Inzidentkontrolle in einem konkreten Rechtsstreit zur gerichtlichen Entscheidung bringen. Mit dem Verfahren nach Art. 13 II RVerf. sollte ihnen jetzt ein direkter Weg eröffnet werden, wenngleich das Antragsrecht nur den obersten Zentralbehörden des Reiches und der Länder verliehen war. Die Rechtmäßigkeit des Verwaltungshandelns war damit im voraus bestimmbar; das Verfahren bot die Möglichkeit der präventiven Rechtskontrolle im Gegensatz zu der vom Bürger provozierten repressiven Rechtskontrolle. Von dieser Begründung ausgehend, hätte es nahegelegen, Zweifel oder Meinungsverschiedenheiten im Sinne des Art. 13 II nur anzunehmen, wenn sie bei Behörden herrschten, wenn auch nicht nur innerhalb und zwischen den antragsberechtigten Zentralbehörden. Aber nur Stier-Somlo[197] und Lammers[198] beschränkten den Kreis der Meinungsträger in dieser Weise. Triepel[199] forderte immerhin Zweifel und Meinungsverschiedenheiten an gewichtiger

---

[193] Berichterstatter *Zinn* im schriftlichen Bericht zum Entwurf des Grundgesetzes für die Bundesrepublik Deutschland S. 47: „Zweifel und Meinungsverschiedenheiten sind grundsätzlich so auszulegen wie die gleichen Bestimmungen der Weimarer Verfassung."

[194] Vgl. die Zitate in Anm. 37.

[195] Sten. Bericht 337, 44. Sitzung S. 1207.

[196] Schon im Bismarckreich galt die Kollisionsnorm, Art. 2 Satz 1 a. E. RVerf. 1871, und war von den Behörden zu beachten, vgl. *Laband* DStR S. 223; *Schulze* StR II S. 128; *Haenel* Dtsch.StR I S. 269; *Meyer-Anschütz* StR S. 635, 636.

[197] Verf. d. Deutsch. Reiches S. 95; Reichsverfassung S. 58.

[198] Das Gesetz über den Staatsgerichtshof S. 80.

[199] Streitigkeiten S. 67.

Stelle, und das Reichsgericht[200] sprach einmal von „solchen Stellen, die an der Angelegenheit ein Interesse haben". Die überwiegende Meinung[201] dagegen ließ Zweifel und Meinungsverschiedenheiten beliebiger Personen genügen. Morstein Marx[202] vertrat die Ansicht, es genüge „eine Meinungsverschiedenheit zwischen zwei hamburgischen Senatorentöchtern beim 5-Uhr-Tee, sofern nur der Herr Papa einen auf Anruf des Reichsgerichts zielenden Senatsbeschluß zu erwirken vermag". Das Reichsgericht nahm anfangs an, es genüge, wenn irgendwo Meinungsverschiedenheiten herrschten[203].

2. Art. 44 HCHE

Sehr viel enger war Art. 44 HCHE, wonach die Antragsberechtigten, Bund und Land, in Meinungsverschiedenheiten geraten sein mußten: „Bestehen Meinungsverschiedenheiten zwischen Bund und Land...". Nach Art. 44 HCHE müßte die antragstellende Regierung selbst an den Meinungsverschiedenheiten, und zwar zwischen Bund und Land, beteiligt sein. Es genügt danach also nicht, wenn etwa Gerichte, Verwaltungsbehörden, Organe derselben Staats(teil)ordnung an Zweifeln oder Meinungsverschiedenheiten beteiligt wären. Beteiligt kann beim Antrag der Landesregierung allein die Bundesregierung sein und bei Antrag der Bundesregierung allein eine Landesregierung. Zweifelhaft wäre, ob das auch bei Antrag der Bundestagsabgeordneten gilt, ob auch dann Meinungsverschiedenheiten zwischen Bund und Land vorliegen müssen. Darauf ist hier aber nicht weiter einzugehen. Denn Art. 44 HCHE sah die Normenkontrolle als einen Fall der Bund-Land-Streitigkeiten; das aber trifft für Art. 93 I Nr. 2 nicht mehr zu.

3. Herrschende Meinung und ihre Kritik

Die herrschende Meinung[204] legt Art. 93 I Nr. 2 GG nach dem Weimarer Vorbild aus. So schreibt neuestens Renck[205]: „Wenn es zutrifft, daß die Normenkontrolle die Sicherheit und Gesichertheit des objektiven Rechts herbeiführen soll, dann muß sie zulässig sein, wann und wo immer Bedenken über die Normgültigkeit auftauchen." Hinter dieser Auslegung steht offenbar die Vorstellung, daß ein Verfahren,

---

[200] RG LS I 519 (521).

[201] *Anschütz*, Kommentar S. 106; *Lassar* AöR 40, 98 (104); *Poetzsch-Heffter* RV Art. 13 Anm. 3 S. 125; *Flad* S. 39; *Merk* S. 500; *Schrupp* S. 78; *Philipp* S. 44, 45.

[202] AöR 45, 218 (S. 221 Anm. 12).

[203] RG LS I S. 423.

[204] *Holtkotten* BK Art. 93 Anm. II B c β; *Lechner* § 13 Ziff. 6 Anm. 6 b BVerfGG; *Geiger* BVerfGG § 76 Anm. 8; *Schumann* S. 72.

[205] JZ 1964, 250—251.

welches so hohen und allgemeinen Zielen gewidmet ist und daher unabhängig vom Interesse des einzelnen zum Wohl der ganzen Rechtsordnung in Gang gesetzt und durchgeführt wird, keine Begrenzung verträgt, zumal die enge Auswahl der Antragsteller die Praktibilität des Verfahrens sichert und übermäßigen Gebrauch verhindert[206]. Die Schranke des Rechtsschutzbedürfnisses[207] schiebt man mit dem Hinweis beiseite, sie sei nur beim Schutz subjektiver Rechte erforderlich, die abstrakte Normenkontrolle bezwecke und bewirke aber einen solchen Schutz nicht[208]. Indessen liegt dem ein zu enger Begriff des Rechtsschutzbedürfnisses zugrunde. Bei seiner Prüfung wird das Interesse des Antragstellers an der Entscheidung des Gerichts gemessen am allgemeinen objektiven Interesse, die Tätigkeit der Gerichte nur in notwendigen Fällen zur Verfügung zu stellen. Diese Interessenabwägung ist auch in den objektiven Verfahren möglich und hier besonders nötig; damit, daß es um die Entscheidung einer objektiven Rechtsfrage geht, ist noch nicht das objektive Interesse an dieser Entscheidung dargelegt. Das Rechtsschutzbedürfnis in seiner Funktion, die Inanspruchnahme des Verfassungsgerichts im Einzelfall zu rechtfertigen[209] oder zu hindern, läßt sich auch im objektiven Verfahren verwenden. Es erscheint hier als *Kontrollbedürfnis*[210]. Das Kontrollbedürfnis liegt also vor, wenn die Normenkontrolle erforderlich ist, und das ist sie, wenn der Verdacht, daß die Norm gegen höherrangiges Recht verstößt, so schwer und die Rechtssicherheit so beeinträchtigt erscheinen, daß ein verfassungsgerichtliches Verfahren gerechtfertigt werden kann.

Eine Auslegung der Begriffe „Zweifel oder Meinungsverschiedenheiten" unter dem Gesichtspunkt des Kontrollbedürfnisses muß zu einer Begrenzung der Meinungsträger führen. Der Streit zwischen Senatorentöchtern, um das Beispiel von Morstein-Marx noch einmal heranzuziehen, ist schwerlich geeignet, die Notwendigkeit verfassungsgerichtlicher Kontrolle darzutun. „Popular"-Zweifel genügen nicht, auch deswegen nicht, weil dem Verfassungsgericht die abstrakte Rechtsfrage nicht an Hand eines Einzelfalles vorgelegt wird, die Problematik der

---

[206] *Renck* a.a.O. S. 250; früher schon *Lassar* AöR 40 S. 98 ff.

[207] Vgl. S. 14. Die Begründung des Entwurfs zu § 76 BVerfGG spricht auch nur von der Notwendigkeit der Kontrolle; Verhdl. d. 23. Ausschusses für Rechtswesen und Verfassungsrecht, 52. Sitzung vom 6. 7. 1950 (Ausschußdrucks. Nr. 94). In der Diskussion taucht dann der Begriff Rechtsschutzbedürfnis auf.

[208] *Holtkotten* BK Art. 93 Anm.. 2 B c; *Renck* JZ 64 S. 250; *Lechner* BVerfGG § 76 Anm. 6 b und § 24 Anm. 5 b; *Weber* AöR 76, 103 (105 ff.); *Schumann* S. 66; BVerfGE 1, 396 (407).

[209] *Pohle*, Festgabe für Rosenberg S. 180.

[210] So insbesondere *Goessl* S. 173.

Rechtsfrage durch bloße Diskussionen aber in der Regel zu wenig konkretisiert und präzisiert wird[211].

4. Die Ausführung in § 76 BVerfGG

Mit der Bestimmung der Meinungsträger befaßt sich nun der umstrittene § 76 BVerfGG:

> „Der Antrag der Bundesregierung, einer Landesregierung oder eines Drittels der Mitglieder des Bundestags gemäß Art. 93 Abs. 1 Nr. 2 des Grundgesetzes ist nur zulässig, wenn einer der Antragsberechtigten Bundes- oder Landesrecht
>
> 1. wegen seiner förmlichen und sachlichen Unvereinbarkeit mit dem Grundgesetz oder dem sonstigen Bundesrecht für nichtig hält oder
>
> 2. für gültig hält, nachdem ein Gericht, eine Verwaltungsbehörde oder ein Organ des Bundes oder eines Landes das Recht als unvereinbar nicht angewendet hat."

Auf die Einzelheiten dieser Vorschrift und die gegen sie vorgebrachten Einwände soll an dieser Stelle noch nicht eingegangen werden. Die beiden Alternativen bezeichnen aber gewisse Träger der öffentlichen Gewalt, die sich gegen die Norm geäußert haben. In Nr. 1 sind es die „Antragsberechtigten", die die Norm für nichtig halten sollen, in Nr. 2 sind es Gerichte, Verwaltungsbehörden und Staatsorgane, die ihre Überzeugung durch Nichtanwendung dargelegt haben. So ist in jedem Fall gesichert, daß nicht jedermann, sondern nur bestimmte staatliche Stellen den Verdacht der Nichtigkeit der Norm begründen können. Damit erhebt sich aber die Frage, ob der einfache Gesetzgeber ermächtigt war, die grundgesetzliche Voraussetzung „Zweifel oder Meinungsverschiedenheiten" in dieser Weise näher zu bestimmen[212]; nur dann ist seine Auslegung oder Ausfüllung des Art. 93 I Nr. 2 GG maßgebend.

5. Die Regelungsermächtigung

Die Grundlage der Ermächtigung des Gesetzgebers zur Ausführung des Art. 93 I Nr. 2 GG könnte in Art. 94 II GG enthalten sein, wo es heißt: „Ein Bundesgesetz regelt seine (des Verfassungsgerichts) Verfassung und das Verfahren." Diese Vorschrift verpflichtet[213] zunächst ein-

---

[211] Dagegen richten sich die Bedenken *Scheuners* DVBl 52, 293 (297).

[212] Es handelt sich um Verfassungsausführung oder Konkretisierung durch das BVerfGG: *Lerche* S. 319 Anm. 12, nicht um eine authentische Interpretation, wie *Eckl* S. 113 annimmt.

[213] Diese Verpflichtung ist nicht erzwingbar: BVerfGE 13, 54 (96) stellt das für den Bund-Landstreit fest. Es gibt aber auch entgegen *Kalkbrenner* DöV 1963, 41 (48) keine Möglichkeit im Normenkontrollverfahren, weil gesetzgeberisches Unterlassen keine Norm ist.

mal den Gesetzgeber zum Erlaß von Vorschriften, ohne die sich das Bundesverfassungsgericht weder konstituieren noch in den vorgesehenen Verfahren prozedieren könnte. Zu solchen unerläßlichen Vorschriften gehört z. B. die Bestimmung der Antragsteller dort, wo der Verfassungsgeber das unterlassen hat, wie z. B. in Art. 21 II 2; Art. 126[214].

Eine Norm, die die Beteiligten der „Meinungsverschiedenheiten oder Zweifel" bestimmt, ist wohl eine zweckmäßige, nicht aber eine unerläßliche Verfahrensvorschrift. Das beweist gerade Art. 13 II WRVerf., der ohne eine entsprechende Ausführungsbestimmung praktikabel war. Die Ermächtigung des Art. 94 II GG beschränkt sich aber nicht auf die unbedingt notwendigen Vorschriften, sondern deckt alle Normen, die das Verfahren vor dem Bundesverfassungsgericht zum Gegenstand haben. Dazu gehören auch die Prozeßvoraussetzungen, die gerade im Interesse der Rechtssicherheit und der Verfahrensstabilisierung scharf und genau zu präzisieren sind. Allerdings ermächtigt Art. 94 II GG nicht zu solchen Regelungen, welche die von der Verfassung klar und erkennbar gezogenen Grenzen überschreiten[215]. Die konkretisierende Bestimmung des Gesetzgebers muß sich in die von der Verfassung getroffene Regelung widerspruchslos einfügen lassen. Diese besondere „Verfassungsnähe" einer Konkretisierungsnorm begrenzt die Gestaltungsfreiheit des Gesetzgebers. Hier ist die Gefahr einer Regelungskollision also besonders groß. Es ist deshalb näher zu erörtern, wie weit § 76 Nr. 1 und 2 als gültige Konkretisierung der verfassungsrechtlichen Voraussetzung „Zweifel oder Meinungsverschiedenheiten" aufzufassen ist oder nicht.

III. Die an „Zweifeln und Meinungsverschiedenheiten" Beteiligten

1. Die Antragsberechtigten nach § 76 Nr. 1 BVerfGG

a) Nach § 76 Nr. 1 BVerfGG muß einer der Antragsberechtigten die Norm für nichtig halten. Es ist zunächst zu untersuchen, ob hier die Voraussetzung „Zweifel" erfüllt ist oder ob die Überzeugung, das für „Nichtig-Halten", ein aliud darstellt.

---

[214] § 43 und § 86 BVerfGG. Nach § 86 sind Bundestag, Bundesrat, Bundesregierung und Landesregierung antragsberechtigt. Früher hielten *Friesenhahn*, Thoma-Festschrift S. 64 und *Holtkotten* BK Art. 126 Anm. II 3 b, die Antragsteller der abstrakten Normenkontrolle für zuständig, weil die Normenqualifikation zur Normenkontrolle gehöre.

[215] *Bachof* AöR 87, 1 (23, 24 Anm. 54); *Goessl* S. 77; *Schumann* S. 72 Anm. 24; *Renck* JZ 1964, 250. Unklar ist, ob *Geiger* BVerfGG § 76 Anm. 8 und *Lechner* BVerfGG § 76 Anm. 4 b das bestreiten wollen.

aa) Eine vom Wortlaut sich lösende, teleologische Betrachtung der Zulässigkeitsvoraussetzung „Zweifel" führt dazu, darunter auch die Annahme der Ungültigkeit der Norm zu subsumieren. Es kommt, wie bereits dargelegt[216], bei dieser Voraussetzung darauf an, daß sie den Verdacht der Nichtigkeit enthält, damit die Normenkontrolle zur Herstellung von Rechtsgewißheit und zum Schutz der Verfassungsordnung vor verfassungswidrigen Normen notwendig wird. Dieser Verdacht verstärkt sich bei der Überzeugung von der Nichtigkeit. Die apodiktische negative Meinung erscheint insoweit als eine besondere *Qualifikation* des Zweifels. § 76 BVerfGG hat sie aber zur *alleinigen Voraussetzung* erhoben, so daß die Frage entsteht, ob damit nicht eine unzulässige Einengung des Merkmals „Zweifel" vorgenommen wurde. Vom Wortlaut des Art. 93 GG her genügt es, daß der Antragsberechtigte die Unvereinbarkeit der Norm als möglich, nicht als sicher annimmt.

bb) Die Auslegung des Begriffs „Zweifel" in Art. 13 II WRVerf. vermag die Beschränkung des § 76 Nr. 1 BVerfGG nicht zu rechtfertigen. Es gab im Verfahren des Art. 13 II Anträge[217], in denen der Antragsteller sich auf eigene Zweifel bezog, ohne die Feststellung der Nichtigkeit[218] zu verlangen. Der allgemeinen Tendenz entsprechend, Art. 13 II weit auszulegen, ist also eher anzunehmen, daß für „Zweifel" nur die Anführung wichtiger, gegen die Vereinbarkeit sprechender Gründe, nicht auch die daraus gezogene Konsequenz verlangt wurde, daß die Norm nichtig sei. Da die Formulierung des Art. 93 I Nr. 2 GG sich bewußt an das Weimarer Vorbild anlehnt, führt eine Auslegung nach dem Willen des Grundgesetzgebers zum Ergebnis, daß „Zweifeln" nicht nur „Für-Nichtig-Halten" bedeutet. Dieses Ergebnis wird vom sonstigen Wortgebrauch des Grundgesetzes gestützt: Art. 100 I knüpft die Vorlagepflicht an die *Überzeugung* der Gerichte, daß eine Norm verfassungswidrig ist („Hält ein Gericht ... für verfassungswidrig"), während in Art. 100 II nur Zweifel im Rechtsstreit vorausgesetzt werden. Das Grundgesetz unterscheidet also deutlich zwischen „Zweifel" und „Für-Nichtig-Halten", so daß für Art. 93 I Nr. 2 GG das Wort „Zweifel" nicht ohne weiteres der „Überzeugung" gleichgesetzt werden darf.

---

[216] s. oben S. 84.

[217] RG LS I. 448, 496, 519, 548.

[218] Aus der Fassung des Antrags tritt die Überzeugung der Nichtigkeit hervor, wenn der Antragsteller die Feststellung der Nichtigkeit begehrt. Dieser Antrag ist wohl zulässig, ebenso wie der, die Vereinbarkeit festzustellen, aber § 76 Nr. 1 und 2 regelt diese Frage der Antragsfassung nicht, wie *Renck* JZ 1964 S. 249 annimmt.

Die Ablehnung, die § 76 BVerfGG in der heutigen Lehre vielfach erfährt[219], ist undifferenziert und läßt meist eine Erörterung dieses Problems vermissen. Bei der Kommentierung des Rechtsstaatsprinzips (Art. 20) und in der Frage, ob die Verwaltungsbehörden ein Normenprüfungsrecht besitzen, vertreten Maunz und Dürig[220] die Ansicht, daß der Antragsteller als höchstes Organ der Exekutive die Norm nur für gültig oder für nichtig halten könne; eine dritte Meinung — wie sie die hypothetische Annahme der Unvereinbarkeit darstellt — gebe es „begrifflich" nicht. An anderer Stelle des Kommentars[221] legt Maunz den Begriff „Zweifel" dahin aus, daß der Antragsteller die Norm für gültig halte, aber dessen nicht sicher sei. Deutlich äußert sich vor allem Bachof, der in einer Untersuchung über das Prüfungsrecht der Verwaltung[222] ausführt, daß Art. 93 I Nr. 2 auch bei den höchsten Exekutivorganen keine abschließende Meinung fordere, sondern sich mit Zweifeln „begnüge", woran § 76 nichts ändern könne; Bachof hält die Norm deshalb für verfassungswidrig.

Wie die Auseinandersetzungen über § 76 BVerfGG im Rechtsausschuß des Bundestags zeigen[223], war sich der Gesetzgeber des Problems, ob „Zweifel" nur die negative Überzeugung der Unvereinbarkeit bedeuten solle, durchaus bewußt. Die gegen den Regierungsentwurf vorgebrachten Einwände des Abgeordneten Arndt sprachen das deutlich an. Er meinte, hier läge eine unzulässige Einengung des Art. 93 I Nr. 2 GG vor, wonach *nur* Zweifel erforderlich seien, während nach § 76 BVerfGG die Antragsteller die Norm für unvereinbar halten müssen. Geiger verteidigte den Regierungsentwurf mit der Begründung, daß „vernünftige" Zweifel nur vorlägen, wenn derjenige, der zweifle, die Norm für nichtig halte[224]. Wie überhaupt bei der Ausführung der Verfassungsbestimmung, verfolgte der Gesetzgeber also auch hier das Ziel, die dem Verfahren gesetzten Schranken auszubauen und dafür zu sorgen, daß nur wichtige Fälle dem Bundesverfassungsgericht vorgelegt werden.

Die im Ausschuß vertretene Meinung, bei vernünftigen Zweifeln läge die Annahme der Nichtigkeit vor, bedarf aber einer näheren Be-

---

[219] Vgl. *Schumann* S. 72; *Goessl* S. 173 Anm. 708; *Müller* DVBl 1962 S. 161 Anm. 26; *Holtkotten* Art. 93 Anm. II 2 c β; *Renck* JZ 1964 S. 250 oben.

[220] MD Art. 20 Rdnr. 66.

[221] MD Art. 31 Rdnr. 18.

[222] AöR 87 S. 1 (23, 24).

[223] Verhdl. d. 23. Ausschusses für Rechtswesen und Verfassungsrecht, *Ausschußdrucksache 94. 52. Sitzung* vom 6. 7. 1950.

[224] *Arndt* erwiderte auf den Einwand des Rechtsschutzbedürfnisses, dieses sei in der ZPO geregelt; man dürfe doch annehmen, daß die Regierung ihre Prozesse nicht zum Vergnügen führe.

gründung. Schon Triepel[225] sprach zutreffend von dem Interesse, das der Zweifelnde und der an der Meinungsverschiedenheit Beteiligte an der Rechtsfrage haben müsse. Dieses als Interesse bezeichnete Verhältnis des Zweifelnden zur Rechtsfrage und der sie lösenden Entscheidung ist verschieden, je nachdem, ob der Zweifelnde die Ungültigkeit der Norm behauptet oder nur mutmaßt. Bei der Überzeugung der Nichtigkeit erwartet er von der gerichtlichen Entscheidung die Bestätigung der eigenen Rechtsanschauung, vor allem aber die Beseitigung des einer nichtigen Norm anhaftenden Rechtsscheins ihrer Verbindlichkeit. Bei der Mutmaßung der Ungültigkeit, dem Für-möglich-Halten dagegen ist der Zweifelnde vor allem an der Klärung der Frage selbst, aber nicht speziell am positiven oder am negativen Inhalt der Antwort interessiert. Auf den Antragsteller übertragen heißt das: Wenn er von der Ungültigkeit überzeugt ist, will er seine Rechtsanschauung durchsetzen und eine allgemein-verbindliche Feststellung der Nichtigkeit erreichen. Wenn er dagegen die Ungültigkeit nur für möglich hält, will er Rechtsklärung und Rechtsgewißheit. In beiden Fällen wird der Zweck des Verfahrens angesprochen, nur jeweils mit verschiedenem Schwerpunkt: Bei der Überzeugung von der Nichtigkeit steht der Schutzzweck im Vordergrund; das Verfahren soll den Rechtsschein der Gültigkeit vernichten und die Rechtsordnung schützen. Im Fall des reinen Zweifelns, also der Unsicherheit des Antragstellers, dient das Verfahren der Herstellung von Rechtsgewißheit und Rechtssicherheit. Es ist unrichtig zu sagen, daß nur bei der Überzeugung der Nichtigkeit, also nur, wenn der Antragsteller die Feststellung der Nichtigkeit begehrt, das Verfahren gerechtfertigt sei. Gerade in den Fällen, in denen der Antragsteller Normen zur Kontrolle stellte, an deren Setzung er mitgewirkt hat, wird es sich um die Beseitigung der Zweifel, nicht um die Ausmerzung der für nichtig gehaltenen Norm handeln[226].

Die in § 76 BVerfGG getroffene Einengung der Voraussetzung „Zweifel" läßt sich deshalb nicht aufrechterhalten. Die Vorschrift bleibt hinter den Zweckvorstellungen zurück, die dem auszuführenden Art. 93 I Nr. 2 GG zugrunde liegen. Nicht nur nach dem Wortlaut, sondern auch nach dem Sinn des Art. 93 muß es genügen, daß der Antragsteller nur Zweifel an der Vereinbarkeit der Norm mit höherrangigem Recht hegt und deshalb die Normenkontrolle einleitet. In dem Satz des § 76 BVerfGG: „Der Antrag ... ist nur zulässig, wenn einer der Antragsberechtigten Bundes- oder Landesrecht ... für nichtig hält" ... ist also

---

[225] Streitigkeiten S. 67.

[226] Insofern ist die Entscheidung des VGH Stuttgart ESVGH 1, 83 bedenklich, die den Behörden, welche an einer selbst erlassenen Norm zweifeln, generell das Rechtsschutzbedürfnis abspricht. s. *Bachof* AöR 87, 21 f.

das Wort „*nur*" verfassungswidrig. Nach Art. 93 I Nr. 2 GG können auch solche Anträge gestellt werden, die der Antragsteller mit berechtigten Gründen für seinen Zweifel unterstützt[227], auch wenn dieser sich noch nicht zur Überzeugung von der Nichtigkeit verdichtet hat.

b) Wenn der Antragsteller nach § 76 Nr. 1 BVerfGG die Norm für nichtig hält und eine andere Stelle ihm widerspricht, weil sie die Norm für vereinbar hält, dann liegen nicht nur Zweifel, sondern *Meinungsverschiedenheiten* vor. Fraglich könnte sein, ob diese Voraussetzung auch gegeben ist, wenn der Antragsteller der positiven Gegenmeinung nur zweifelnd entgegentritt. Da er in diesem Fall bereits ohne eine Gegenmeinung das Bundesverfassungsgericht anrufen kann und es nicht darauf ankommt, welchen Überzeugungsgrad seine Meinung hat, ist es nicht sinnvoll, die „Meinungsverschiedenheit" auf die Differenz zweier apodiktischer Meinungen zu beschränken. Sonst würde bei einer Differenz zwischen dem nur zweifelnden Antragsteller und der positiv überzeugten Gegenmeinung immer noch die Voraussetzung „Zweifel" erfüllt und der Antrag zulässig sein. Der Unterschied zwischen beiden Voraussetzungen ist nur darin zu erblicken, daß bei „Meinungsverschiedenheiten" eine widersprechende Stellungnahme vorliegt, bei „Zweifel" dagegen nicht. Darüber, wer diese positive Meinung vertritt, sagt § 76 Nr. 1 BVerfGG nichts — mit Recht! Es ist gleichgültig, wer die Norm für vereinbar und gültig hält. Bei der Frage, ob die Normenkontrolle im Einzelfall notwendig ist, interessiert allein, wer die Norm bezweifelt oder für nichtig hält und damit den Verdacht der Nichtigkeit hervorruft. Maßgebliche Zweifel, d. h. Angriffe gegen die Norm müssen vorliegen, nicht eine maßgebliche Verteidigung. Dasselbe gilt auch, wie noch darzulegen ist, für § 76 Nr. 2 BVerfGG.

c) Im Fernsehstreit[228] hatte nicht der Antragsteller (eine Landesregierung), wohl aber ein Antragsberechtigter (die Bundesregierung) Zweifel an der Norm geäußert, indem dieser die fragliche Norm ignorierte. Das Bundesverfassungsgericht behandelte diesen Fall nach § 76 Nr. 2, wonach ein Staatsorgan seine Zweifel durch Nichtanwendung kundgetan haben muß. Dadurch entstand das Problem, ob die Mißachtung einer Norm der in § 76 geforderten Nichtanwendung gleichkommt. Das Bundesverfassungsgericht bejahte das mit einer nicht ganz zweifelsfreien Begründung[229]. Zeidler[230] schrieb dazu in seiner Kritik,

---

[227] Der Gesetzgeber wird in der Regel dazu neigen, die eigenen Gesetze für rechtmäßig zu halten. Insofern hat *Maunz* MD Art. 31 Rdnr. 18 recht, wenn er bei Zweifel nur eine Unsicherheit bei grundsätzlich positiver Einstellung verlangt.

[228] BVerfGE 12, 205.

[229] BVerfGE 12, 205 (221, 222).

[230] AöR 86, S. 376 (381).

daß das ganze Verfahren besser im Bund-Land-Streit hätte durchgeführt werden sollen, da die Handlung der Bundesregierung, um die
es ging, die Gründung einer Fernsehgesellschaft, eine Maßnahme im
Sinne des § 64 BVerfGG darstellte und am Grundgesetz zu messen war,
womit jenes Auslegungsproblem hätte vermieden werden können.
Dieses wäre auch nicht entstanden, wenn das Bundesverfassungsgericht
§ 76 Nr. 1 angewendet hätte, wie es zumindest der Wortlaut erlaubt,
„Der Antrag ... ist nur zulässig, wenn einer der Antragsberechtigten
Bundes- oder Landesrecht ... für nichtig hält". Danach muß nicht
gerade derjenige, der jeweils den Antrag stellt, die Norm für ungültig
halten. Antragsteller und Antragsberechtigter sind nicht identisch[231].
Zwar muß jeder Antragsteller antragsberechtigt sein, also das Recht
haben, das Verfahren in Gang zu bringen; aber nicht jeder Antragsberechtigte ist stets zugleich Antragsteller. Vielmehr genügt es, daß
irgendeiner der mehreren nach Art. 93 I Nr. 2 GG Antragsberechtigten
den Antrag gestellt hat.

Ob § 76 BVerfGG den Begriff „Antragsberechtigter" bewußt gewählt
hat und ihn mit „Antragsteller" nicht gleichsetzen wollte, ist zweifelhaft. Im Regierungsentwurf stand noch der Begriff „Antragsteller".
Danach sollte die Vorschrift lauten[232]:

> „Der Antrag der Bundesregierung, einer Landesregierung oder eines Drit-
> tels der Mitglieder des Bundestags ist nur zulässig
> 1) wenn der Antragsteller eine Rechtsnorm ... für nichtig hält" ...

Daß diese Formulierung in der endgültigen Fassung des Gesetzes geändert wurde, kann schwerlich bloßer Zufall sein. Die wortlautgetreue
Auslegung, die von keinem der Kommentatoren auch nur in Erwägung
gezogen wird[233], ist auch bei interessenbezogener Betrachtung sinnvoll.
Wir sahen[234], daß das eigene Interesse und die eigene Rechtsposition
des Antragstellers keine Rolle für die Zulässigkeit des Verfahrens
spielen, daß hingegen die Frage, wer die Norm bezweifelt, entscheidend
ist für die Kontrollwürdigkeit der Norm und damit für die Notwendigkeit des Verfahrens. Daß der Gesetzgeber bei der Bestimmung der
Meinungsträger zwischen den Antragsberechtigten und anderen staat-

---

[231] Beide Begriffe stehen z. B. in § 65 BVerfGG nebeneinander, wo es heißt,
„Dem *Antragsteller* und dem Antragsgegner können ... andere in § 63 ge-
nannte *Antragsberechtigte* beitreten."

[232] Verhdl. d. 23. Ausschusses für Rechtswesen und Verfassungsrecht über
das Gesetz über das Bundesverfassungsgericht: Ausschußdrucksache Nr. 94.

[233] Alle stellen es auf die Nichtigkeitsannahme des Antragstellers ab, vgl.
Lechner BVerfGG § 76 Anm. 4; *Geiger* BVerfGG § 76 Anm. 8; BK Art. 93
Anm. 2 c β; ebenso *Goessl* S. 174 Anm. 208; *Renck* JZ 1964 S. 250.

[234] s. oben S. 76 ff.

lichen Stellen unterschieden hat, ist einleuchtender, als wenn er in § 76 Nr. 1 nur den *Antragsteller* angesprochen und die übrigen Antragsberechtigten in § 76 Nr. 2 erwähnt und den anderen Meinungsträgern zugerechnet hätte. Die Zweifel irgendeines Antragsberechtigten müssen genügen, um das Verfahren zu rechtfertigen. Weder vom Zweck der Normenkontrolle noch von ihrer zulässigen Begrenzung her ist es nötig, daß auch der Antragsteller die Zweifel der anderen Antragsberechtigten hegt. Er kann sie teilen, kann ihnen entgegentreten oder sich einer eigenen Stellungnahme enthalten[235], die Normenkontrolle ist in jedem Fall sinnvoll. Gerade der Fernsehstreit zeigt, daß diese Interpretation sauberer und müheloser ist als die vom Bundesverfassungsgericht vertretene. Das Bundesverfassungsgericht hat die Mißachtung der Landesnorm durch die Bundesregierung nicht als ein „Für Nichtig-Halten" eines der Antragsberechtigten aufgefaßt, sondern § 76 Nr. 2 angewendet und die Bundesregierung als Organ des Bundes begriffen, welches eine Norm nicht angewendet habe. § 76 Nr. 1 BVerfGG regelt also zweierlei: Er bestimmt zunächst, daß die antragsberechtigten Träger der Zweifel oder Vertreter der negativen Seite bei Meinungsverschiedenheiten sein können. Er bestimmt weiterhin, daß die Antragsberechtigten von der Nichtigkeit der Norm überzeugt sein müssen. Die letztere Voraussetzung ist aber zu eng, es genügen schon die Bedenken der Antragsberechtigten.

2. Die in § 76 Nr. 2 BVerfGG genannten normkritischen Meinungsträger

Dem Gesetzgeber war bei der Bestimmung der übrigen die Norm bezweifelnden Stellen ein weiter Spielraum gegeben. Solange nicht offensichtlich zweckwidrige Einschränkungen vorliegen, für die kein vernünftiger Grund besteht, muß seine Regelung als zulässige Ausführung des unbestimmten Begriffspaares „Meinungsverschiedenheiten oder Zweifel" gelten.

a) *Ausgeschlossene Personen*, deren Zweifel und Rechtsmeinungen also nicht genügen, um das Normenkontrollverfahren zu rechtfertigen, sind die Unbeteiligten und die von der Norm angesprochenen Bürger:

aa) *Unbeteiligte*, d. h. Personen, die zu der Norm *keine Beziehung* haben, bei denen also nicht die Möglichkeit besteht, daß die Gültigkeit oder Ungültigkeit der Norm Rechtsfolgen für sie hat, Personen, die weder durch den Normsetzungsakt verletzt noch vom Inhalt betroffen, auch am Vollzug der Norm nicht beteiligt sind, kommen weder für die Zweifel noch für die Meinungsverschiedenheiten in Betracht. Diese

----

[235] Darüber näheres unten S. 81 ff.

Unbeteiligten, die Öffentlichkeit also, die Presse, die Parteien, die Wissenschaft mögen sehr schwerwiegende Gründe für ihre Meinung anführen; sofern sie jedoch nicht auch den Antragsteller zu Zweifeln veranlassen, besteht nach Art. 93 I Nr. 2 GG in der Lesart des § 76 BVerfGG keine Möglichkeit zur Normenkontrolle. Der Gesetzgeber ging davon aus, daß publizistische Äußerungen nicht genügten, um das zum Schutz der Verfassungsordnung bestimmte Verfahren zu rechtfertigen[236], sondern daß nur Rechtsmeinungen, die sich in einer konkreten Rechtssituation gebildet hätten, einen hinreichenden Anlaß abgeben könnten. Dahinter stehen Erwägungen des Kontrollbedürfnisses und der Rechtssicherheit. Die nur abstrakte, wenn auch öffentliche Bezweiflung und Bestreitung der Norm vermag noch nicht ihren Vollzug zu hemmen, das Vertrauen in ihre Rechtmäßigkeit und Gültigkeit zu erschüttern. Das Normenkontrollurteil könnte selbst zu einem Politikum werden, wenn das Gericht ohne konkrete Rechtsfolgen für den Zweifelnden die abstrakte Frage erörterte. Der Ausschluß unbeteiligter Personen aus dem Kreis der zweifelnden Meinungsträger durch das Gesetz ist also unbedenklich, die Einschränkung verfassungsmäßig[237].

bb) Als zweite Gruppe hat § 76 BVerfGG die *normbetroffenen Bürger* ausgeschlossen — genauer gesagt: die natürlichen Personen und die juristischen Personen des privaten und öffentlichen Rechts, die nicht als Staatsorgane oder Verwaltungsbehörden im Sinne des § 76 Nr. 2 BVerfGG angesehen werden können. In der Regel sind das die Normadressate, auf die der Tatbestand der Norm zutrifft oder zutreffen könnte[238]. Sie unterscheiden sich von den oben genannten Unbeteiligten dadurch, daß die Norm in ihre eigene Rechtssphäre eindringt, daß sie gerichtlichen Schutz vor rechtswidrigen Normen genießen[239] und daher eine konkrete Beziehung zur Rechtsfrage besitzen.

Hier tauchen aber Abgrenzungsschwierigkeiten auf gegenüber den in § 76 Nr. 2 BVerfGG erwähnten Verwaltungsbehörden. Verwaltungsbehörden können nämlich ebenfalls Normadressaten sein, sofern ihnen Zuständigkeiten und Befugnisse zugewiesen oder Pflichten auferlegt werden. Sie sind damit aber noch nicht normbetroffen, weil das die

---

[236] So ausdrücklich die Begründung der Regierungsvorlage: „Ein Bedürfnis kann nicht schon anerkannt werden, wenn nur in der Theorie oder sonst irgend in der Öffentlichkeit Zweifel an der Gültigkeit einer Norm aufgetreten sind."

[237] Anderer Ansicht die Autoren, die Art. 93 I Nr. 2 GG nach Art. 13 II WRVerf. auslegen: *Renck* JZ 1964 S. 250; *Holtkotten* BK Art. 93 Anm. 2 c β; *Schumann* S. 172.

[238] Über diesen Unterschied vgl. *Volkmar* S. 12.

[239] Wenn auch nicht unbedingt Klagemöglichkeiten gegen die Norm direkt, s. oben im Text und *Bettermann* AöR 86, S. 160.

Fähigkeit voraussetzt, eigene Rechte zu haben und prozessual durchzusetzen[240]. Behörden können durch die öffentliche Gewalt nicht im Sinne des Art. 19 IV verletzt sein; sie stehen dem Staat nicht gegenüber, sondern sind in ihn integriert[241]. Nur soweit diese Gewaltträger selbst Gewaltenunterworfene sind, bilden sie eine Ausnahme, also etwa die juristischen Personen des öffentlichen Rechts, in deren Rechte der Staat eingreifen kann[242]. Es ist fraglich, ob § 76 Nr. 2 BVerfGG auch sie umfaßt. Wie beurteilen sich etwa die Zweifel einer Gemeinde, welche sich durch die Norm in ihrem Recht auf Selbstverwaltung verletzt glaubt? Oder die Zweifel der Universitäten an einem Hochschulgesetz[243]? Dafür ist das Verhältnis der Normenkontrolle zu den subjektiven Rechtsschutzverfahren zu klären; denn die Grenzlinie, die sich zwischen den möglichen Trägern der Gegenmeinung hindurchzieht, ist gerade hier bestimmend.

Nach einer von Hesse[244], Klein[245] und früher auch von Bettermann[246] vertretenen Ansicht soll Art. 19 IV GG den Bürger deswegen nicht vor Verletzungen durch Normen schützen können, weil die Normenkontrolle im Grundgesetz abschließend geregelt und auf die in Art. 100 I und Art. 93 I Nr. 2 vorgesehenen Verfahren beschränkt sei[247]: Nur Gerichte, Bundes- und Landesregierungen sowie Bundestagsabgeordnete könnten

---

[240] Die Rechtsmacht ist ihnen nicht zur Durchsetzung eigener Interessen verliehen *und* sie können sie nicht gerichtlich geltend machen. Das letztere ist dagegen bei den Staatsorganen der Fall, *Goessl* S. 57; *Bettermann*, Grundrechte III S. 787 zu Anm. 31, 31 a; *Dürig* MD Art. 19 IV Rdnr. 16; *Rasch* VerwArch. 1959, 26; BFinH 62, 115 = BStBl III 56, 44.

[241] Im Gegensatz zu den Kirchen vgl. *Hesse*, Der Rechtsschutz durch staatliche Gerichte im kirchlichen Bereich S. 98 f.

[242] *Bettermann*, Grundrechte III S. 786; *Dürig* MD Art. 19 IV Rdnr. 16; *Goessl* S. 115. Diese Rechte sind zwar nicht notwendig Grundrechte, s. *Dürig* aaO. und Art. 19 III Rdnr. 34 f., werden aber in den hier gemeinten Fällen sein müssen, weil es um den Schutz der Rechte *vor dem Gesetzgeber* geht, dem allein die Verfassung Schranken zieht (die Gesetze auch, soweit er sie nicht ändert), *Maunz-Dürig* MD Art. 20 Rdnr. 125.

[243] Daß die Universitäten auf Grund des Art. 5 III Grundrechtsträger sind, vgl. *Dürig* MD Art. 19 Abs. IV Rdnr. 40 unter d; *v. Mangoldt-Klein* Art. 5 Abs. 3 S. 253; insbesondere *Köttgen*, Das Grundrecht der deutschen Universitäten, Grundrechte II S. 291 (315 ff.).

[244] *Hesse*, Rechtsschutz S. 90.

[245] *Klein* VVDStRL 8, (1950) S. 67 (106, 107) und in *v. Mangoldt-Klein* Art. 19 Anm. VII 2 d S. 571.

[246] *Bettermann*, Grundrechte III 2 S. 789.

[247] Auch *Friesenhahn* MD 1949, 482 und *Obermayer*, Verwaltungsakt S. 37 ff., 56 sowie LVG Rheinl.-Pf. JZ 1951, 372 halten die Gesetzgebung nicht für öffentliche Gewalt i. S. des Art. 19 IV, vgl. dazu BGHZ 22, 32 (33), ähnlich wohl *Lerche* DVBl 1954, 627 Anm. 18.
    A. A. *Wernicke* BK Art. 19 Anm. II 4 e und *von der Heydte* VVDStRL 8, (1950) S. 162 f. (Diskussionsbeitrag); *Dürig* MD Art. 10 IV Rdnr. 18.

dem Verfassungsgericht Normen zur Kontrolle vorlegen. Das ist insoweit berechtigt, als Art. 19 IV dem Bürger nicht die spezifische Rechts-
schutzform der prinzipalen Normenkontrolle garantiert[248]. Jede Art
Gerichtsschutz genügt dem Sinn der Grundgesetzbestimmung, sofern
sie dem Bürger zu seinem Recht verhelfen kann, etwa der gegen den
Vollzugsakt der Norm gerichtete Anfechtungsprozeß, innerhalb dessen
die Norm inzident geprüft wird. Im Endergebnis jedenfalls schützt
Art. 19 IV GG den Bürger auch bei verfassungswidriger Normsetzung[249].
Insofern ist es sinnvoll, daß § 76 Nr. 2 BVerfGG nicht die Zweifel des
sich an seinen Rechten beeinträchtigt glaubenden Bürgers genügen läßt,
weil dieser sie in den subjektiven Rechtsschutzverfahren klären lassen
kann. Die abstrakte Normenkontrolle weicht hier auf ein Gebiet zurück,
in dem es um objektiven Rechtsschutz geht. Für überwiegend subjektivrechtliche Belange wäre die Verfahrensgestaltung des § 76 BVerfGG
auch ungeeignet, da der zweifelnde Bürger, der sich durch die Norm
verletzt glaubt, weder dessen Kontrolle beantragen noch sich anderweit
am Verfahren beteiligen kann, so daß ihm kein rechtliches Gehör
gewährt ist.

b) Die vorgesehenen *Meinungsträger* ergeben sich aus § 76 Nr. 2:
Gerichte, Verwaltungsbehörden, Staatsorgane. Darüber hinaus regelt
er auch, in welcher Weise diese Stellen ihrer Meinung Ausdruck verliehen haben müssen: Durch Nichtanwendung der fraglichen Norm.
Diese Voraussetzung fehlt bei der ersten Gruppe, den Antragsberech-
ten. Zwar müssen auch sie ihre Meinung in einer Weise äußern, die
erkennen läßt, daß es sich um eine Meinung dieses Organs handelt:
In einem formellen Beschluß der Regierung, einer Regierungshand-
lung, deren Begründung die Zweifel enthalten usw. Aber es bedarf
hier nicht der besonderen rechtlichen Beziehung zur Norm, die eine
Nichtanwendung überhaupt erst möglich macht. Diese setzt § 76 Nr. 2
bei den übrigen Zweiflern voraus und verlangt damit, daß sie konkret,
in einer Amtshandlung, bei der Anwendung der fraglichen Norm auf
konkrete Sachverhalte zweifeln. Es wird also hier auch die Frage zu

---

[248] *Bettermann* AöR 86, 160 unter Zustimmung von *Bachof* AöR 86, 188,
der aber in gewissen Fällen eine Feststellungsklage im Verwaltungsprozeß
befürwortet, S. 191, vgl. VGH Stuttgart AöR 86, 95 (99 f.) und *Dürig* MD
Art. 19 IV Rdnr. 18 c, e.

[249] Deshalb ließe sich auch die extensive Auslegung des § 47 VwGO rechtfertigen, der nach erklärtem Willen seiner Schöpfer *nicht* die Zuständigkeit
der Verfassungsgerichte zur Normenkontrolle beeinträchtigen soll, und doch
so verstanden wird, daß ihn nur solche Verfassungsverfahren verdrängen,
die eine Normenkontrolle zum *Schutze des Bürgers* vorsehen, wie Art. 98
BayVerf., nicht aber die objektiven Kontrollverfahren. *Herzog* BayVwBl.
1961, 368 (370); *Mang* BayVwBl. 1961, 273 (274); VGH Stuttgart 14. 12. 1962,
DöV 63, 228 (229). *Bachof* DöV 1964, 9 ff. (12) gegen *Renck* DöV 64, 1 ff.

erörtern sein, ob diese Regelung der Äußerungsmodalität gerechtfertigt ist und sich im Rahmen der Ausführungsfreiheit des Gesetzgebers hält.

aa) Eine Voraussetzung des § 76 Nr. 2 BVerfGG ist, daß *Gerichte* die
Normen wegen Unvereinbarkeit nicht angewendet haben. Andererseits
verpflichtet Art. 100 I GG die Gerichte zur Aussetzung des Prozesses
und zur Vorlage beim Bundesverfassungsgericht, wenn sie Bundes-
oder Landesgesetze wegen Verstoßes gegen das Grundgesetz, oder
Landesgesetze wegen Verstoßes gegen übriges Bundesrecht für nichtig
halten. Dieser Aussetzungsbeschluß könnte zwar ein „Nichtanwenden"
im Sinne des § 76 Nr. 2 BVerfGG sein; aber der Antrag einer Regierung, der diese Zweifel zum Anlaß nähme, wäre offensichtlich über-
flüssig, weil das Bundesverfassungsgericht mit der Normenkontroll-
sache befaßt ist. Der Antrag ließe sich auch nicht damit rechtfertigen,
daß der Umfang der Prüfung bei der abstrakten und konkreten Normenkontrolle verschieden sei[250]. Das Bundesverfassungsgericht darf im
Verfahren nach Art. 100 I nur den Teil der Norm überprüfen, der für
die Entscheidung des vorlegenden Gerichts erheblich ist[251]; aber bei der
abstrakten Normenkontrolle darf der Antragsteller auch nur Normen,
bzw. Normenteile vorlegen, über die Zweifel oder Meinungsverschiedenheiten herrschen[252]. In beiden Verfahren kann das Bundesverfassungsgericht seine Prüfung auf andere, nicht strittige Normen aus-
dehnen, wenn die Voraussetzung des § 78 BVerfGG vorliegt, wenn also
die nicht angegriffenen Normen eines Gesetzes an demselben Mangel
leiden wie die bezweifelten. Der Antragsteller des abstrakten Normenkontrollverfahrens kann jedenfalls nicht anregen, die *Vereinbarkeit*
der Norm über die bezweifelten Teile hinaus festzustellen. Im übrigen
gibt § 77 i. V. mit § 82 Abs. 1 BVerfGG dem Antragsteller die Möglichkeit, seine eigene Rechtsanschauung zu äußern, so daß schon aus
diesem Grunde das Nebeneinander von konkreter und abstrakter
Normenkontrolle nicht gerechtfertigt wäre.

---

[250] Eine Verwechselung von Prüfungsmaßstab und Prüfungsgegenstand
liegt vor bei H. J. *Müller* VDBl 62, 158 (Anm. 28), wenn er meint, nur im
Falle des Art. 93 I 2 könne die Norm an allen Grundgesetzbestimmungen gemessen werden, während sich bei Art. 100 I die Prüfung auf die für den
konkreten Rechtsstreit erhebliche Norm beschränke.

[251] „Auf dessen Gültigkeit es bei der Entscheidung ankommt", Art. 100 I,
eine Voraussetzung, die das Bundesverfassungsgericht sehr streng handhabt,
indem es manchmal Normen nur in bezug auf bestimmte Normadressaten
für verfassungswidrig erklärt, BVerfGE 12, 144 zu § 368 a RVO, soweit er
sich auf Zahnärzte bezieht; vgl. auch BVerfGE 3, 208; 7, 129.

[252] Wenn der Antragsteller nicht selbst zweifelt, dann ist ihm insofern die
Bezeichnung des Prüfungsgegenstandes vorgegeben. Er kann nicht die Prüfung einer Norm verlangen, bei der nur Teilbestimmungen in Zweifel gezogen sind. Immerhin hat BVerfGE 6, 104 (107) die Zweifel an einem frühe-
ren, inhaltsgleichen Gesetz genügen lassen.

Wie aber, wenn ein Gericht entgegen der ausdrücklichen Vorlagepflicht des Art. 100 I die Norm selbständig verwirft? Für diese Fälle sei
§ 76 Nr. 2 BVerfGG gedacht, meint Geiger[253]. Soweit das überhaupt
vorkommt, wäre jedenfalls die abstrakte Normenkontrolle zulässig. Viel
wichtiger ist der Antrag für die Normenkontrolle aber dort, wo ein
Gericht verwerfen darf, wo also Art. 100 I nicht eingreift. Nach der
ständigen Rechtsprechung des Bundesverfassungsgerichts[254] ist das bei
den vorkonstitutionellen Normen und bei nicht-förmlichen Gesetzen,
also Rechtsverordnungen und Satzungen der Fall. Diese Normen darf
und muß der Richter bei Verstoß gegen höherrangiges Recht unangewendet lassen. Hiergegen sich richtende Anträge auf abstrakte Normenkontrolle sind sinnvoll und erwünscht, weil die prinzipale Normenentscheidung Rechtssicherheit und Rechtsklarheit schafft und mittels
der Allgemeinverbindlichkeit weitere, voneinander abweichende Inzidententscheidungen verhindert. Zu Normprüfungen geben neben den
verdeckten Bund-Land-Streitigkeiten um Gesetzgebungskompetenzen
gerade die Verordnungskontrollen am häufigsten Anlaß, da die antragstellende Regierung, die meist die Verordnung erlassen hat, an deren
Gültigkeit interessiert ist und deshalb der Nichtanwendung durch
Gerichte entgegentritt.

α) Die *obiter dicta* genügen nicht dem Erfordernis der „Nicht-
Anwendung" in § 76 Nr. 2 BVerfGG. Anwenden oder Nichtanwenden
kann das Gericht eine Norm nur, wenn die Norm für die Entscheidung
der strittigen Rechtsfrage erheblich ist, also bei der Anwendung
anders als bei der Nichtanwendung ausfiele. Die obiter dicta beziehen
sich auf Rechtsfragen, denen diese Beziehung gerade fehlt, wo auch
bei der Gültigkeitsannahme das Urteil nicht anders lautet als bei der
Nichtigkeitsannahme. Hier besteht ja auch keine Vorlagepflicht nach
Art. 100 I GG, weil es dann nicht auf die Gültigkeit einer Entscheidung
ankommt[255]. Wenn nebensächliche Äußerungen der Gerichte aber nicht
zur konkreten Normenkontrolle ausreichen, so muß § 76 Nr. 2 im

---

[253] BVerfGG § 76 Anm. 8. Offensichtlich lag ein solcher Fall in BVerfGE
6, 104 vor, wo die Landesregierung von Nordrhein-Westfalen ein Kommu-
nalgesetz überprüfen ließ, welches das OVG Düsseldorf nicht angewendet
hatte, ohne es vorgelegt zu haben.

[254] BVerfGE 1, 197; 2, 124. Die Begründung für die Einschränkung bei
Bachof DVBl 1951, 14 (15) und *Zinn* Verhdl. d. 37. DJT. S. 55 geht dahin,
daß der Richter Altnormen und Verordnungen bereits in der Weimarer Zeit
verwerfen konnte. Doch könnte Art. 100 I, gerade wenn er die spezifischen
Gefahren der richterlichen Verwerfung bannen soll — *Bachof* AöR 87 S. 26
Anm. 66 und BVerfGE 4, 219 (233) — eine umfassende Regelung des richterlichen Prüfungs- und Verwerfungsrechts geben wollen. Hierüber ausführlich H. *Rädle*, Die Beschränkung der Vorlagepflicht, Diss. iur.

[255] BVerfGE 7, 171 (174); 9, 250 (254).

gleichen Sinn verstanden werden. In beiden Fällen soll das Bundesverfassungsgericht nur bemüht werden, wenn die abstrakte Rechtsfrage in einem anhängigen Rechtsstreit konkrete Rechtsfolgen betrifft.
Zwar ließe sich vertreten, daß auch die obiter dicta eines Gerichts zu
Rechtsungewißheit führen und eine Klärung wünschenswert machen
können; aber die Einschränkung, die der Gesetzgeber in dem Wort
„Nichtanwenden" getroffen hat, ist nicht zweckwidrig und begegnet
keinen durchschlagenden Bedenken.

Auch das Bundesverfassungsgericht kann sich nebensächlich zur
Gültigkeit einer Norm äußern. So hat es in der Entscheidung über die
Verfassungsbeschwerde der Gesamtdeutschen Volkspartei[256] zwar nur
den Satzteil einer Vorschrift für verfassungswidrig erklärt, aber dabei
durchblicken lassen, daß es Zweifel an der ganzen die Parteien betref-
fenden Vorschrift hege[257]. Darauf stellte das Land Hessen den Antrag,
die ganze Vorschrift für verfassungswidrig zu erklären, da sie mit dem
Grundgesetz unvereinbar sei[258]. Hätte die Bundesregierung, die in
diesem Verfahren die Gegenposition einnahm, ihrerseits auf die vom
Bundesverfassungsgericht geäußerten Bedenken hin die abstrakte
Normenkontrolle einleiten wollen mit dem Antrag, die Norm für
gültig zu erklären[259], so wäre dieser Antrag unzulässig gewesen, weil
das Bundesverfassungsgericht die fragliche Norm nicht außer Anwendung gelassen, sondern sich nur obiter dicto geäußert hatte.

β) Auch die Frage, ob die Entscheidung des Gerichts, welche die
Norm nicht anwendete, *rechtskräftig* sein muß, läßt sich — wenn
auch nicht ganz eindeutig — aus dem Wortlaut beantworten: Selbst
wenn die höhere Instanz das Urteil wieder aufhebt, welches die Norm
nicht anwendete, sind damit die ihm zugrunde liegenden Zweifel nicht
beseitigt. Die Tatsache, daß ein Gericht eine Norm wegen Unvereinbarkeit mit ranghöherem Recht nicht angewendet hat, bleibt bestehen
und genügt zur Rechtfertigung des Normenkontrollverfahrens. Das
beweist auch Art. 100 I GG, der bestimmt, daß *jedes* Gericht, welches
eine der Vorlagepflicht unterliegende Norm nicht anwenden will, das

---

[256] BVerfGE 6, 273.

[257] Der Beschwerdeführer wandte sich gegen die Beschränkung der steuer-
lich abzugsfähigen Spenden an politische Parteien auf solche, die in den
Parlamenten des Bundes und der Länder durch mindestens einen Abgeordneten vertreten sind. Diese Norm könnte das Recht der Parteien auf „Chan-
cengleichheit" (S. 281) aber nur verletzen, wenn diese Regelung überhaupt
zulässig war. Das BVerfG bezweifelte das, gab der Verfassungsbeschwerde
aber dennoch statt. Es hat also die Norm gleichzeitig angewendet und bezweifelt, was nicht zulässig ist.

[258] BVerfGE 8, 51; Kritik an der Entscheidung bei *Maunz* MD Art. 21
Rdnr. 84 und Art. 20 Rdnr. 69 Anm. 1.

[259] Sie wäre also nach § 76 Nr. 2 BVerfGG vorgegangen.

Bundesverfassungsgericht anzurufen hat. Auch dort ist nicht entscheidend, daß die höhere Instanz das Urteil aufheben und das Gesetz anwenden könnte, womit die Rechtsunsicherheit gebannt, der „contempt of Parliament" beseitigt würde. Das Grundgesetz hat vielmehr die Überzeugung auch eines nicht im letzten Rechtszug entscheidenden Gerichts für ausreichend erachtet, damit das Bundesverfassungsgericht die Normenkontrolle durchführt. Entsprechend dieser Regelung muß auch § 76 Nr. 2 BVerfGG dahin verstanden werden, daß die Rechtskraft der die Norm inzident verwerfenden Entscheidung nicht abgewartet werden muß[260].

bb) Weiterhin ist das Kontrollverfahren bei solchen Normen zulässig, die von *Verwaltungsbehörden wegen* Verstoßes gegen ranghöheres Recht nicht angewendet wurden. Diese Bestimmung ist in den lebhaften Streit um das Prüfungs- und Verwerfungsrecht der Verwaltung[261] miteinbezogen und als Argument dafür verwendet worden[262], daß das geltende Recht die Befugnis der Behörde anerkenne, Normen unangewendet zu lassen, die diese für rechtswidrig halte. Indessen sagt § 76 Nr. 2 über ein solches Recht der Behörde nicht das geringste aus. Es genügt, daß die Behörde eine Norm unangewendet läßt, ohne Rücksicht darauf, ob dies befugt oder unbefugt geschieht. Diese Auslegung gilt ja auch für die Gerichte[263], deren unbefugte Nichtanwendung ebenso wie die befugte das Normenkontrollverfahren rechtfertigt. Wesentlich ist, daß die Behörde eine Norm aus den in § 76 Nr. 2 genannten Gründen außer Anwendung läßt, nämlich weil sie die Norm für nichtig hält und nicht, weil sie etwa die gerichtliche Klärung der unsicheren Rechtslage abwarten will.

Da die Normen, welche die Behörden anzuwenden haben, für diese nicht nur Beurteilungsnormen, sondern Verhaltensnormen sind, können die Behörden die Nichtanwendung auch durch Nicht-Befolgung und Mißachtung bewirken, also durch ein Verhalten, das den Vollzug der Norm behindert oder erschwert. Insofern liegt eine Nichtanwendung bereits dann vor, wenn z. B. die vorgesetzte Behörde der nachgeordneten die Weisung erteilt, eine Norm nicht anzuwenden, weil sie verfassungswidrig sei. Nicht erst das weisungsentsprechende Verhalten der unteren Behörde, sondern bereits die Weisung der oberen Behörde

---

[260] So auch BVerfGE 1, 184 (196); *Lechner* BVerfGG § 76 Anm. 4 b; früher schon *Flad* S. 51.

[261] Zusammenstellung der verschiedenen Ansichten bei *Bachof* AöR 87, 1 (2) Anm. 7.

[262] *Michel* NJW 1960, 841 (842); *Maunz-Dürig* Art. 20 Rdnr. 66. Dagegen *Zuck* DöV 1962, 657.

[263] s. oben S. 116.

entspricht der Voraussetzung des § 76 Nr. 2. Dieser knüpft eine funktionelle Beziehung zwischen den normkritischen Stellen und der bezweifelten Norm. Diese Beziehung besteht bei Gerichten, wenn sie ent-
scheidungserhebliche Normen nicht anwenden, sie liegt bei Behörden
vor, wenn diese den Vollzug der Norm durch Tun oder Unterlassen
hemmen und damit ihre Überzeugung zum Ausdruck bringen.

Aus der besonderen Stellung der antragsberechtigten Regierungen
als eines höchsten Exekutivorganes ergeben sich bei den Zweifeln der
Behörden zwei Probleme, welche der Erörterung bedürfen:

1. Sind die Regierungen berechtigt, Zweifel von Behörden klären
   zu lassen, die ihren Weisungen unterliegen?

2. Ist die Bundesregierung bei Zweifeln der Landesbehörden verpflichtet, zunächst das Aufsichtsverfahren nach Art. 84 IV GG
   einzuhalten?

α) Die Bundesminister üben die Fachaufsicht über die Bundesverwaltung, Art. 86 GG, und über die obersten Landesbehörden auf
dem Gebiet der Auftragsverwaltung aus, Art. 85 III GG. Die Landesregierungen stehen ihren Landesbehörden vor, der Bundesregierung
kann durch Bundesgesetz die Befugnis erteilt werden, in besonderen
Fällen Einzelanweisungen an Landesbehörden zu richten, Art. 85 V GG.
Soweit nun diese nachgeordneten Behörden eine Norm bezweifeln,
können sie durch *Weisung* angehalten werden, die Norm anzuwenden[264].
Die Frage ist, ob die antragstellende Regierung von dieser Weisung
absehen und statt dessen die Normenkontrolle beantragen kann, oder
ob das Verfassungsgericht die Zulässigkeit zu verneinen hätte, weil
der Antragsteller seine Rechtsansicht selbst durchzusetzen vermag. Ein
ähnliches Problem ist oben[265] erörtert worden, als es darum ging, ob
die Disposition des Antragstellers über die bezweifelte Norm die Zulässigkeit der Normenkontrolle beeinflußt. Hier liegt eine Disposition
über den *Zweifler* vor, der vom Antragsteller angewiesen werden kann,
die Norm zu beachten und zu vollziehen.

Das Bundesverfassungsgericht hatte bis jetzt nicht eine einzige
Entscheidung zu fällen, deren Anlaß eine solche Meinungsverschie-

---

[264] Die Weisungsgebundenheit der Behörden wird von ihren Prüfungs-
pflichten nicht berührt, s. § 56 BBG oder § 38 II BRRG. Dagegen könnte
allenfalls § 47 VwGO sprechen, wenn die Behörden hier den Antrag weisungsfrei stellen könnten, so *Eyermann-Fröhler* VwGO § 47 Anm. III a
Rdnr. 27. Bedenken dagegen bei *Schunck-de Clerk* VwGO § 47 Anm. 2 g.
Michel NJW 1960, 841 (843) zieht aus § 47 VwGO den Schluß, daß die Verwaltung in allen Fragen der Verwerfung weisungsfrei handeln könne, was
sicher zu weit geht.

[265] s. oben S. 42 f.

denheit zwischen Regierung und Verwaltung gewesen wäre. Auf Landesebene gab es allerdings einen solchen Fall, als eine lippische Gemeinde die Errichtung einer Schule ablehnte[266], weil das zugrunde liegende Landesgesetz wegen Verstoßes gegen die Landesverfassung nichtig sei. Die Regierung vertrat hier den gegenteiligen Standpunkt, rief aber zwecks Klärung der Rechtslage das Landesverfassungsgericht zur Normenkontrolle an[267]. Aber auch in diesem Fall handelte es sich jedoch nicht um eine echte Meinungsverschiedenheit zwischen Regierung und nachgeordneter Verwaltung, sondern um eine besondere, politische Streitigkeit, deren wahre Partner das Land Nordrhein-Westfalen und das ihm eingegliederte Land Lippe waren. Diese Streitigkeit wurde darum auch noch vor das Bundesverfassungsgericht gebracht und in analoger Anwendung der Vorschriften über das Land-Land-Verfahren entschieden[268]. Die Gemeinde handelte hier also überwiegend im Interesse und in Vertretung des Landes Lippe und nicht als zweifelndes Vollzugsorgan.

Es ist also recht selten, daß eine Regierung den Verfassungsrechtsweg beschreitet, um Zweifel der eigenen Behörde zu klären, die sie nicht teilt. Aber ebenso wie in dem oben S. 61 f. erörterten Fall, in dem der Antragsteller selbst Zweifel an der vorgetragenen Norm hegt, die seiner Disposition unterliegen, ist auch hier die Normenkontrolle zulässig. Die Regierungen können zwar ihre Rechtsauffassungen den Behörden gegenüber durchsetzen, sie können aber nicht hindern, daß diese dann später Prozesse mit dem Bürger führen müssen, daß andere Behörden, die der Weisung nicht unterliegen, die Norm unangewendet lassen, und daß die Rechtsfrage damit weiter ungeklärt bleibt. Wählt eine Regierung also den unüblichen Weg der Normenkontrolle[269], so bekundet sie ihr Interesse an der Rechtsklärung. Die Zweifel der Behörden haben eine Rechtsungewißheit verursacht, die nicht durch Weisung beseitigt wird. Eine endgültige, weil allgemeinverbindliche Klärung durch das Bundesverfassungsgericht ist demnach gerechtfertigt. Mithin beeinflußt auch die Überordnung des Antragstellers über die Zweifler die Zulässigkeit des Verfahrens nicht, wenn ein allgemeines Interesse an der Kontrolle zu bejahen ist.

---

[266] BVerfGE Nordrh.-W. v. 23. 1. 54 in OVG Münster und Lüneburg 8, 194.

[267] Das Landesgesetz wurde für verfassungsmäßig erklärt.

[268] BVerfGE 4, 250.

[269] Die Wahl soll nach Ansicht von *Faller* JZ 1961, 478 zur Pflicht werden, wenn die Regierung dem höchsten Beamten der Staatsanwaltschaft widerspricht. Eine Pflicht zur Normenkontrolle soll weiterhin dann vorliegen, wenn die Regierung die Bedenken der Behörden teilt: *Maunz-Dürig* Art. 20 Rdnr. 66 unter dd; *Hoffmann* JZ 1961, 193 (202); *Götz* NJW 1960 S. 1177 (1181). Dagegen: *Michel* NJW 1960, 841 (843).

β) Bei der Ausführung der Bundesgesetze durch die Länder hat das Grundgesetz der Bundesregierung verschiedene Kontrollmöglichkeiten eingeräumt. Es könnte in den Fällen, in denen bei Landesbehörden Zweifel an der Grundgesetzmäßigkeit der Bundesgesetze bestehen, zunächst das in Art. 84 IV GG vorgeschriebene *Aufsichtsverfahren* von der Bundesregierung durchzuführen sein. Die Bundesregierung dürfte also nicht sofort das Verfassungsgericht zur Entscheidung der Rechtsfrage anrufen, vielmehr wäre das Verfahren vor dem Bundesrat vorzuschalten.

Die Notwendigkeit dieses aufsichtsrechtlichen „Vorverfahrens" wird vor allem bei Art. 93 I Nr. 3 GG, den Bund-Länder-Streitigkeiten, diskutiert. Nach überwiegender Meinung[270] soll hier Art. 84 IV GG als lex specialis vorgehen, weil die Anrufung des Verfassungsgerichts ultima ratio sein müsse und daher zunächst außergerichtliche Erledigung zu versuchen sei. Aber dieser Ausgleich liegt bei Meinungsverschiedenheiten in Fragen der Normgültigkeit kaum im allgemeinen Interesse. Die Bundesregierung soll sich hierüber nicht mit dem Land und seiner nachgeordneten Behörde arrangieren[271], und sich nicht dem Spruch eines nicht-richterlichen Staatsorgans[272] unterordnen, sondern gerade das Verfassungsgericht zur endgültigen Klärung der Rechtslage heranziehen. Es steht nicht die Wiederherstellung des Einvernehmens von Bund und Land im Vordergrund, sondern der Schutz der Verfassungsordnung vor ungültigen Normen sowie die Schaffung von Rechtsgewißheit und Rechtssicherheit. Art. 84 IV GG ergreift jedenfalls alle Mängel bei der Gesetzesvollziehung, während die Normenkontrolle nur die Fälle ergreifen soll, in denen eine Behörde wegen Zweifeln an der Verfassungsmäßigkeit der Bundesnorm die Vollziehung ablehnt. Danben bleibt aber auch das Aufsichtsverfahren nach Art. 84 IV zulässig; die Regierung hat bei der Einsetzung ihrer Kontrollmittel freie Wahl[273].

cc) § 76 Nr. 2 BVerfGG nennt neben Verwaltungsbehörden und Gerichten die *Organe* des Bundes und der Länder. Hierzu sind folgende

---

[270] *Maunz* MD Art. 84 Rdnr. 71; BVerfGE 6, 309 (329); *Bayer* S. 123; *Schumann* S. 76; *Schneider,* Konkordatsprozeß III 1022 (1039, 1050). A. A. *Scheuner,* Konkordatsprozeß III S. 1139, 1142; Geiger BVerfGG § 70 Anm. 4; *Lechner* BVerfGG § 70.

[271] s. *Schumann* S. 77 Anm. 39.

[272] Die Entscheidung des Bundesrats hat wohl rechtsprechenden Charakter, *v. Mangoldt,* S. 458; *Lechner* BVerfGG § 70 Anm. zu § 70; *Geiger* BVerfGG § 70 Anm. 1; *Schäfer* AöR 78, 20 Anm. 5. Aber der Bundesrat ist kein Gericht, seine Entscheidung ist keine gerichtliche Entscheidung.

[273] Normenkontrolle wird die Bundesregierung wählen, wenn sie eine Klärung der Rechtsfrage erwartet, das Aufsichtsverfahren, wenn ihr eher an der Vollziehung der Norm liegt.

Fragen zu stellen: Was sind Organe im Sinne der Vorschrift? In welcher Weise können sie Normen anwenden bzw. nicht anwenden? Sind bei den Organen noch weitere Äußerungsmodalitäten möglich?

α) Wie aus der Aufzählung des § 76 Nr. 2 BVerfGG hervorgeht, muß es sich bei Bundes- oder Landesorganen um staatliche Hoheitsträger handeln, die weder Behörden noch Gerichte sind, denen also weder der Normenvollzug noch die Normenanwendung obliegt. Daher kommen nur noch *Verfassungsorgane* in Betracht[274], die Landtage, der Bundespräsident, der Bundesrat, evtl. die Fraktionen als Organteile, u. U. sogar Parteien.

β) Auf welche Weise können diese Organe Normen unangewendet lassen? Es entfallen hier die Beispiele, in denen die Hoheitsträger nicht in ihrer Eigenschaft als Staats- und Verfassungsorgane, sondern als obere Dienstbehörde Normen außer Anwendung lassen; die Nichtanwendung muß hier dem Staatsorgan zugerechnet werden können, nicht einer Behörde.

Der nächstliegende Fall wäre der, daß Landesregierungen, die dem Bund zur Ausführung der Bundesnorm verpflichtet sind, eine Bundesnorm für grundgesetzwidrig halten und deshalb die Ausführung verweigern. Dieser Fall gehört aber nach der hier vertretenen Auffassung[275] unter § 76 Nr. 1 BVerfGG, weil es sich bei Landesregierungen um Antragsberechtigte handelt, deren Bedenken schon für die Voraussetzung „Zweifel" genügen. Nach § 76 Nr. 1 BVerfGG ist gar nicht erforderlich, daß die Antragsberechtigten die bezweifelte Norm unangewendet gelassen haben.

Die Weigerung des Bundespräsidenten, einen Staatsvertrag zu ratifizieren und das Vertragsgesetz zu verkünden, kann aber als Nichtanwendung einer Norm[276] begriffen werden. Die Vertragsgesetze sind nach Auffassung des Bundesverfassungsgerichts schon vor ihrer Verkündung Recht im Sinne des Art. 93 I Nr. 2 GG und im Normenkontrollverfahren nachprüfbar[277]. Streng genommen läßt der Bundespräsident, wenn er eine von ihm für grundgesetzwidrig gehaltene Norm nicht ver-

---

[274] *Lechner* BVerfGG § 76 Anm. 4 a bb.

[275] Vgl. oben S. 66 ff.

[276] Vertragsgesetze werden nach ständiger Rechtsprechung des BVerfG im Normenkontrollverfahren geprüft, BVerfGE 1, 396; 4, 157; 12, 205. Gegen diese Auslegung *Kaufmann*, Gedächtnisschrift für Jellinek S. 445 (453); *Zacher* DVBl 1950, 649; *Zeidler* AöR 86, 377, bei Vertragsgesetzen, soweit sie keine materiellen Normen enthalten, nicht Recht i. S. des Art. 93 I Nr. 2 GG sein.

[277] Im Gegensatz zu den sonstigen Gesetzen, wo das Gesetzgebungsverfahren abgeschlossen sein muß, BVerfGE 1, 396 (413).

kündet, nur die Vorschriften über die Verkündung unangewendet. Es kommt bei § 76 Nr. 2 BVerfGG und der Voraussetzung „Nichtanwenden" aber vor allem darauf an, daß eine funktionelle Beziehung zwischen Zweifler und Norm besteht. Der Bundespräsident wirkt am Entstehen und am Vollzug der Norm mit. Seine Weigerung, die Norm als rechtmäßig anzuerkennen, ist eine in konkreter Handlung vollzogene Mißachtung, die dem Sinn der Nichtanwendung durch ein Staatsorgan jedenfalls genügt.

Eine Nichtanwendung kommt noch bei Verhaltensnormen in Betracht, die die Staatsorgane zu einem Tun oder Unterlassen verpflichten — etwa bei Geschäftsordnungen[278] oder Staatsverträgen[279] — und die von den Staatsorganen in der Überzeugung, daß es sich um rechtswidrige Verhaltensnormen handelt, ignoriert werden. Im allgemeinen regelt die Verfassung selbst das Verhalten der Staatsorgane, ihre Rechte und Pflichten. Landesorgane könnten also auch Landesverfassungsrecht mißachten, weil es bundeswidrig sei. Daß hingegen Bundesorgane Grundgesetzbestimmungen wegen Grundgesetzwidrigkeit übertreten und das Bundesverfassungsgericht die Vereinbarkeit mit dem Grundgesetz zu prüfen hätte, erscheint nur wenig wahrscheinlich.

Die wichtigen Fälle, in denen Staatsorgane Normen bezweifeln, werden jedoch von § 76 Nr. 2 durch die Voraussetzung „Nichtanwendung" ausgeschlossen. Diese Fälle ergeben sich bei den schon ausführlich behandelten Streitigkeiten: Parlamentsminderheiten greifen Regierungsverordnungen an[280], etwa in einer Anfrage; Parteien glauben sich durch Wahlgesetze verletzt[281]; die Landtage streiten mit der Landesregierung um Gesetze[282]. Diese Verfassungsstreitigkeiten enthalten sicher erhebliche „Zweifel" im Sinne des Art. 93 I Nr. 2 GG oder erhebliche „Meinungsverschiedenheiten", wenn sich der Antragsteller gegen die Behauptung des Staatsorgans wendet. Es geht hier auch nicht an, mit dem Hinweis auf andere, subjektive Rechtsschutzverfahren vor den Verfassungsgerichten die Zweifel der Staatsorgane auszuschließen wie etwa beim normbetroffenen Bürger[283]. Die Subjektivierung der Kompetenzen bei den Verfassungsorganen geschieht nicht zuletzt aus

---

[278] So *Lechner* § 76 Anm. 46.

[279] Mißachtung lag z. B. auch bei der Bundesregierung gegenüber dem Länderstaatsvertrag im Fernsehstreit vor, obwohl dieser sich nicht direkt auf das Verhalten der Bundesregierung bezog.

[280] BVerfGE 2, 307.

[281] BVerfGE 1, 208 entschied eine Landesverfassungsstreitigkeit zwischen Parteien und Landesgesetzgeber; auch eine Normenkontrolle auf Antrag der Landesregierung hätte die Frage gelöst.

[282] BVerfGE 9, 268.

[283] Vgl. oben S. 71.

prozessualen Gründen. Auch das Bundesverfassungsgericht hat einmal
ausgesprochen, es stehe bei Verfassungsstreitigkeiten „weniger im
Dienste der subjektiven Rechtsverfolgung als im Dienste objektiver
Bewahrung des Verfassungsrechts"[284]. Die Durchsetzbarkeit der durch
die Verfassung verliehenen Kompetenzen hat also den Sinn, die Verfassungsordnung zu stabilisieren und die Beachtung der verfassungsrechtlichen Schranken zu gewährleisten. Dasselbe läßt sich auch im
objektiven Verfahren erreichen.

Wenn also bei den Behörden und Gerichten die Voraussetzung
„Nichtanwenden" sinnvoll ist, weil jene Gesetzesrecht anzuwenden
haben, so ist dieselbe Voraussetzung bei den Staatsorganen zu eng und
paßt nicht zu deren Aufgaben. Es muß bei den Staatsorganen genügen,
wenn sie in Ausübung ihrer verfassungsrechtlichen organschaftlichen
Funktion eine Norm bezweifeln. Die Äußerung der Zweifel muß aber
erkennen lassen, daß das Staatsorgan selbst zweifelt, nicht nur einige
Vertreter, die sich inoffiziell der Presse gegenüber oder sonstwie
gegen die Norm erklären.

Das Bundesverfassungsgericht[285] legt allerdings den Begriff „Nichtanwenden" so weit aus, daß auch die oben aufgezeigten Fälle noch
gedeckt sind. Es versteht darunter offensichtlich nur die Überzeugung
von der Nichtigkeit der Norm. Nun ist es zwar richtig, daß der Begriff
der Normanwendung bei Gerichten, Verwaltungsbehörden und Verfassungsorganen eine jeweils andere Bedeutung hat, daß es bei Gerichten
auf die Nichtanwendung in der Entscheidung einer Rechtssache, bei
Behörden auf die Nicht-Vollziehung, bei den Staatsorganen auf die
Mißachtung der Norm ankommt. Aber bei der Behauptung eines Verfassungsorgans, die Norm verletze seine Rechtsstellung, läßt sich nicht
einmal von Mißachtung sprechen. Das Organ ist ja gerade nicht in
der Lage, sich über die Norm hinwegzusetzen. Insofern ist § 76 Nr. 2
hier zweckwidrig und verstößt gegen das Grundgesetz. Bei Staatsorganen genügt es, wenn sie die Norm mißachten oder sich durch die
Norm in eigenen Rechten verletzt glauben. In beiden Fällen ist eine
funktionelle Beziehung vorhanden und die Normenkontrolle notwendig.

3. Die in § 76 Nr. 2 BVerfGG genannten
normbejahenden Meinungsträger

a) § 76 BVerfGG verlangt nach der herrschenden Auslegung[286] vom
Antragsteller entweder, daß er die Norm für unvereinbar (§ 76 Nr. 1)

---

[284] BVerfGE 2, 79 (86).
[285] BVerfGE 12, 205 (221).
[286] s. S. 66 ff.

oder für vereinbar hält (§ 76 Nr. 2). Darin wird zuweilen das Erfordernis einer bestimmten Antragsfassung erblickt[287], nämlich daß der Antragsteller im ersten Fall die Feststellung der Unvereinbarkeit, im zweiten Fall die Feststellung der Vereinbarkeit begehren soll. Im Gegensatz zu subjektiven Verfahren muß der Antragsteller im abstrakten Normenkontrollverfahren aber keinen derart bestimmten Antrag stellen. Es genügt, wenn er das Bundesverfassungsgericht um die Entscheidung über die Vereinbarkeit einer Norm mit höherrangigem Rechte angeht. Auch die Alternativen des § 76 BVerfGG sind daher nicht als Voraussetzungen einer bestimmten Antragsfassung zu lesen, sondern als Konkretisierungen der in Zweifel oder Meinungsverschiedenheiten geforderten Stellungnahmen.

Wenn der Antragsteller aber entweder für oder gegen die Norm Stellung beziehen muß, dann ist er stets an den Zweifeln oder Meinungsverschiedenheiten beteiligt. Hält er nämlich die Norm für unvereinbar, dann liegen damit „Zweifel", bei positiver Gegenstimme auch „Meinungsverschiedenheiten" vor. Hält er die Norm für vereinbar und haben staatliche Stellen die Norm nicht angewendet, so ist stets ein Widerspruch der Meinungen, eine Meinungsverschiedenheit gegeben. Der Antragsteller darf sich nach dieser Verfahrensregelung also nicht neutral verhalten, er kann keine Entscheidung über die Vereinbarkeit der Norm mit höherrangigem Recht beantragen mit dem Hinweis auf sonstige, wesentliche Zweifel, sondern muß diese entweder teilen oder ihnen widersprechen. Art. 93 I Nr. 2 GG könnte aber so zu interpretieren sein, daß der Antragsteller nur den prozessualen Anstoß zu geben hat, während eine eigene Meinungsäußerung nicht erforderlich ist, sofern nur an anderer Stelle Zweifel bestehen. Dann wäre § 76 BVerfGG insofern verfassungswidrig, als er den Antragsteller zwingt, sich so oder so zu entscheiden.

Die Frage, ob der Antragssteller an den Meinungsverschiedenheiten beteiligt sein muß, wurde in der Weimarer Zeit diskutiert im Zusammenhang der schon erörterten Frage[288], wer an den Zweifeln und Meinungsverschiedenheiten beteiligt ist. Eine Beteiligung des Antragstellers wurde nicht verlangt[289]. Es gab Fälle, in denen das Reichsgericht Landesvorschriften auf Antrag des Reichsinnenministers prüfte, die zu Auseinandersetzungen zwischen Landesregierungen und Landeskirchen geführt hatten[290], wobei der Antragsteller selbst nicht Stellung

---

[287] *Renck* JZ 64, 249.
[288] s. oben S. 59 f.
[289] Vgl. die Hinweise auf S. 59 und Anm. 201.
[290] RG LS I S. 445: Antrag des Reichsinnenministers bei Meinungsverschiedenheiten zwischen der sächsischen Regierung und dem sächsischen

nahm, sondern offensichtlich nur bezweckte, den Rechtsfrieden wieder herzustellen.

Von den Autoren, die Art. 93 I Nr. 2 nach Maßgabe des Art. 13 WRVerf. auslegen, kommen Holtkotten[291] und ihm im wesentlichen folgend Renck[292] zu der Konsequenz, daß § 76 BVerfGG verfassungswidrig sei. Geiger[293] und Lechner[294] halten die Bestimmung für gültig, obwohl sie ihrer Meinung nach das Grundgesetz begrenzt, beschränkt und modifiziert, weil der Gesetzgeber durch Art. 94 II GG dazu ermächtigt sei. Ihnen widerspricht vor allem Bachof[295] mit dem Hinweis, daß die Ermächtigung des Art. 94 II nicht Verfassungsänderungen zulasse. Das ist zutreffend; fraglich kann hier nur sein, ob die Forderung nach Beteiligung des Antragstellers gegen die Verfassung verstößt.

Aus dem Antragsrecht läßt sich eine Pflicht des Antragsstellers, sich zur Sache zu äußern und damit an den Zweifeln und Meinungsverschiedenheiten teilzuhaben, nicht folgern. Das Argument, daß derjenige, der ein Gericht zur Entscheidung einer Rechtsfrage anrufe, zumindest eine Meinung zu dieser Rechtsfrage vortragen müsse[296], trifft hier nicht zu. Das ist sicher bei subjektiven Verfahren der Fall, wo es um Rechte und Pflichten der antragstellenden Partei selbst geht. Dort soll das Gericht der Partei zu *ihrem* Recht verhelfen, das demnach behauptet sein muß. Bei der abstrakten Normenkontrolle hingegen wird nicht dem Antragsteller die Vereinbarkeit oder Unvereinbarkeit einer Norm mit höherrangigem Recht bestätigt; er trägt die Norm zur Prüfung nur heran, das Verfassungsgericht trifft die Feststellung für alle. Es kommt also weniger auf die Meinung des Antragstellers zur Rechtsfrage als auf die Tatsache an, daß er darüber entscheiden darf, bei welchen Normen das Kontrollverfahren durchgeführt werden soll. Dieser Aufgabe wird der Antragsteller auch dort gerecht, wo er Normen prüfen läßt, welche von anderer Seite bezweifelt oder bestritten werden. Das Antragsrecht begründet also nicht die Notwendigkeit oder auch nur die Zweckmäßigkeit einer Beteiligung des

---

Konsistorium; RG LS I S. 538: Antrag des Reichsinnenministers bei Meinungsverschiedenheiten zwischen der Regierung von Lippe und der lippischen evangelischen Landeskirche; RG LS I S. 432: Antrag des Reichsinnenministers bei Meinungsverschiedenheiten zwischen dem preußischen Minister und dem Reichselternbund.

[291] BK Art. 93 Anm. II B 2 c β.

[292] JZ 1964 S. 249—251.

[293] BVerfGG § 76 Anm. 8.

[294] BVerfGG § 76 Anm. 4 b.

[295] AöR 87, 1 (23, 24, Anm. 54); so auch *Renck* aaO. S. 250.

[296] Diese „Pflicht" wird als *Recht* in Art. 103 GG geschützt, das Recht, womit der Einzelne „Einfluß auf den Ablauf und das Ergebnis des Verfahrens nehmen kann", *Dürig* MD Art. 103 Abs. I Rdnr. 5.

Antragstellers am Vereinbarkeitsstreit. Sie kann auch nicht deshalb gefordert werden, weil sie dafür garantiere, daß die abstrakte Normenkontrolle nur bei erheblichen Zweifeln oder Meinungsverschiedenheiten eingeleitet wird. Diese liegen vor bei Normenungehorsam irgendeines Trägers staatlicher Gewalt und rechtfertigen das Verfahren.

Der Regierungsentwurf hatte sich auch damit begnügt, nur die Stellen zu nennen, die gegen die Norm sprechen und sie bezweifeln. Seine Alternative lautete[297]:

„(Der Antrag ... ist nur zulässig)

1) wenn der Antragsteller eine Rechtsnorm ... für nichtig hält oder

2) wenn ein Gericht, eine Verwaltungsbehörde oder ein Organ des Bundes oder eines Landes diese Rechtsnorm aus demselben Grunde nicht angewendet hat."

In den Fällen dieser Ziffer 2 hätte der Antragsteller also nicht selbst Stellung nehmen müssen, sondern sich damit begnügen können, fremde Zweifel „durchzureichen", ohne den widersprechenden Standpunkt zu vertreten. Dennoch hätten stets erhebliche Zweifel oder Meinungsverschiedenheiten vorgelegen, weil die Norm nach beiden Alternativen des Regierungsentwurfs an gewichtiger Stelle verdächtigt wurde. Demgegenüber zwingt die jetzige gesetzliche Regelung des § 76 Nr. 2 den Antragsteller ohne Not, dort, wo er nicht selbst negativ argumentieren will, positiv für die Norm zu sprechen, obwohl er damit nichts dazu beiträgt, die Notwendigkeit der Normenkontrolle im Einzelfall zu erweisen. Es stellt sich also die Frage, ob der Ausschluß der Fälle, in denen der Antragsteller sich nicht zur Rechtsfrage äußern will, verfassungswidrig ist.

Holtkotten sieht in § 76 Nr. 1 und 2 die Einführung eines Rechtsschutzbedürfnisses, das dem Normenkontrollverfahren fremd sei. Soweit sich seine Kritik dagegen richtet, daß der Gesetzgeber die Träger der Zweifel auf staatliche Stellen beschränkt hat, ist sein Standpunkt unrichtig, denn diese Beschränkung rechtfertigt sich durch das Kontrollbedürfnis, welches im objektiven Verfahren durchaus am Platze ist. Aber in bezug auf die Beteiligung des Antragstellers an den „Zweifeln" oder „Meinungsverschiedenheiten" hat Holtkotten recht. Die Vorstellung, daß der Antragsteller nur dann das Normenkontrollverfahren einleiten darf, wenn er eine bestimmte Rechtsanschauung vertritt, ist den Grundsätzen des subjektiven Verfahrens verhaftet[298].

---

[297] Verhdl. d. 23. Ausschusses für Rechtswesen und Verfassungsrecht, Ausschußdrucksachen Nr. 94.

[298] Unglücklich ist der Ausdruck Aktivlegitimation, den Holtkotten aaO. verwendet. Seiner Meinung nach hat das Grundgesetz die „Aktivlegitimation" mit den Worten „Bei Zweifeln oder Meinungsverschiedenheiten" um-

Im objektiven Verfahren geht es dagegen um die Herstellung der Rechtsgewißheit, um den Schutz der objektiven Rechtsordnung, und nicht darum, Rechtsanschauungen des Antragstellers durchzusetzen oder abzulehnen. Das öffentliche Interesse an der Klärung der Zweifel beweist der Antragsteller schon durch die Einleitung des Verfahrens, und auf dieses Interesse kommt es an. Zwar werden Fälle, in denen der Antragsteller keine eigene Meinung vertritt oder vertreten möchte, recht selten sein. Immerhin haben die Beispiele der Weimarer Zeit gezeigt, daß der Antragsteller zuweilen nur an der Beseitigung der Meinungsverschiedenheiten Interesse haben kann. Auch in solchen Fällen ist der Zweck des Verfahrens gewahrt und die Normenkontrolle notwendig. Wenn also § 76 Nr. 2 BVerfGG dahin auszulegen ist, daß der Antragsteller den Zweifeln der Gerichte, Behörden und Staatsorganen widersprechen und die Norm für vereinbar halten muß, dann verstößt er insofern gegen Art. 93 I Nr. 2 GG, weil gegen den Sinn des objektiven Verfahrens: Diesem genügt ein allgemeines öffentliches Interesse an der Kontrolle, und dieses Interesse liegt vor, wenn staatliche Stellen die Norm nicht anwenden; es erfordert nicht, daß ihnen der Antragsteller widerspricht.

b) Wenn aber § 76 Nr. 2 BVerfGG so auszulegen ist, daß nicht der jeweilige Antragsteller, sondern nur ein *Antragsberechtigter* die Norm für vereinbar halten muß, ist die Problematik eine andere. In diesem Fall wäre nämlich eine neutrale Haltung des Antragstellers zulässig. So könnten z. B. die Bundestagsabgeordneten eine Normenkontrolle einleiten, weil eine Landesregierung ihre Behörde angewiesen hat, eine Landesnorm anzuwenden, die eine Behörde für bundesrechtswidrig hält. Auch § 76 Nr. 1 erlaubt nach der hier vertretenen Auffassung[299] eine neutrale Haltung des Antragstellers: Er braucht sich nicht selbst zur Rechtsfrage zu äußern, sofern nur andere Antragsberechtigte die Norm für unvereinbar mit höherrangigem Recht halten.

Nun müßte sich aber die Voraussetzung, daß ein Antragsberechtigter den in § 76 Nr. 2 BVerfGG erwähnten Stellen sich widersetzt, als eine dem Zweck des Verfahrens dienende, sinnvolle Ausführungsbestimmung des Art. 93 I Nr. 2 GG rechtfertigen lassen. Aber die Stelle, die die Gültigkeit der zu prüfenden Norm annimmt, vermag in keiner Weise

---

schrieben. Es handelt sich bei der oben behandelten Voraussetzung aber um eine „Prozeßvoraussetzzung besonderer Art" (*Lechner* aaO. Anm. 323), die nicht eine Aktivlegitimation berühren kann, welche in der abstrakten Normenkontrolle überhaupt fehlt. Aktivlegitimation heißt Rechtsinhaberschaft, aber Rechte des Antragstellers sind weder Gegenstand noch Voraussetzung des Verfahrens. *Holtkotten* meint wohl nur die Antragsbefugnis, die allerdings beschränkt wird durch die Voraussetzungen des § 76 Nr. 2 BVerfGG.

[299] s. S. 132.

das Gewicht der Meinungsverschiedenheiten oder Zweifel zu bestimmen. So würden unerhebliche Zweifel nicht dadurch zu erheblichen, daß ihnen hohe politische Organe entgegentreten. Der Regierungsentwurf tat recht daran, auf eine Bestimmung solcher Meinungsäußerer, die nur für den Tatbestand der Meinungsverschiedenheiten erforderlich sind, ganz zu verzichten. Da nun die positive Stellungnahme überhaupt keine Funktion in einem Verfahren zu erfüllen hat, welches die durch Zweifel und Meinungsverschiedenheiten verursachte Rechtsunsicherheit beseitigen soll, ist auch die Äußerung eines Antragsberechtigten nicht geeignet, die „Zweifel" oder „Meinungsverschiedenheiten" aufzuwerten. Dies um so weniger, als der Gesetzgeber durch die Konkretisierung dafür gesorgt hat, daß nicht die Zweifel eines jedweden für das Verfahren ausreichen.

c) Damit gelangt man zu folgendem *Ergebnis:* Die Voraussetzung des § 76 Nr. 2 BVerfGG, wonach bei Mißachtung der Norm durch Gerichte, Behörden oder Organe der Antragsteller oder ein Antragsberechtigter die Norm für vereinbar halten muß, läuft also nach beiden Auslegungen dem Zweck des Verfahrens zuwider. Der Gesetzgeber hat hier die Grenzen der Ausführungsermächtigung überschritten und ein dem objektiven Verfahren fremdes Moment eingeführt. Die Absicht, das Verfahren durch die Regelung des § 76 BVerfGG an ein sachliches Interesse zu binden, das dem Zweck des Verfahrens entsprechend ein allgemeines sein muß, kann diese Voraussetzung nicht rechtfertigen. Denn, wie oben gezeigt wurde, trägt eine positive Meinungsäußerung der Antragsberechtigten nicht dazu bei, das Verfahren auf wichtige Fälle zu konzentrieren. Weder wächst dadurch der Verdacht, daß die Norm rechtswidrig ist, noch die Rechtsunsicherheit. Das läßt sich nur bei den Rechtsmeinungen sagen, die die Norm angreifen oder bezweifeln und von wichtiger Stelle vertreten werden.

§ 76 Nr. 2 BVerfGG verstößt also gegen Art. 93 I Nr. 2 GG und überschreitet die Ermächtigung des Art. 94 II GG. Die durch Mißachtung oder Nichtanwendung dargelegte Stellungnahme der aufgeführten Meinungsträger genügt zur notwendigen und zweckmäßigen Konkretisierung der „Zweifel" oder „Meinungsverschiedenheiten". Einer Gültigkeitsannahme bedarf es dagegen nicht. Die korrekte und rechtmäßige Fassung des § 76 BVerfGG müßte demnach lauten:

Der Antrag der Bundesregierung, einer Landesregierung oder eines Drittels der Mitglieder des Bundestags gem. Art. 93 I Nr. 2 des Grundgesetzes ist nur zulässig,

    1. wenn ein Antragsberechtigter Bundesrecht wegen förmlicher oder sachlicher Unvereinbarkeit mit dem Grundgesetz, oder

Landesrecht wegen Unvereinbarkeit mit dem Grundgesetz oder mit sonstigem Bundesrecht für nichtig hält oder bezweifelt,

2. oder wenn aus diesem Grunde

   a) ein Gericht oder eine Verwaltungsbehörde das Recht nicht angewendet hat, oder

   b) ein Organ des Bundes oder Landes das Recht für nichtig hält.

D. Thesen

1. Die abstrakte Normenkontrolle nach Art. 93 I Nr. 2 GG sichert die Rechtsordnung vor Anwendung nichtiger Normen durch Zerstörung ihres Geltungsanspruchs. Sie verstärkt die Rechtsgewißheit und dient damit der Rechtssicherheit (A).

2. Für dieses sog. objektive Verfahren ist nicht erforderlich, daß der Antragsteller es zum Schutz eigener Rechte einleitet, daß er in einen Rechtsstreit verwickelt ist oder daß er ein eigenes Feststellungsinteresse hat (B).

3. Das Verfahren setzt aber „Zweifel oder Meinungsverschiedenheiten" über die Vereinbarkeit der Norm mit höherrangigem Recht voraus. Denn mit ihnen wird die Norm ernstlich verdächtigt und eine Rechtsunsicherheit hervorgerufen, welche die Normenkontrolle rechtfertigt. Entgegen der h. M. gehören hierzu aber nicht die Zweifel oder Meinungsverschiedenheiten beliebiger Personen; vielmehr ist der Kreis der Meinungsträger enger zu ziehen (C I).

4. Da das Grundgesetz insoweit schweigt, darf der Gesetzgeber die Voraussetzungen in dieser Hinsicht konkretisieren; die Ermächtigung zur Regelung des Verfahrens in Art. 94 II GG umfaßt auch die nähere Bestimmung der an Zweifeln oder Meinungsverschiedenheiten Beteiligten (C II).

5. § 76 BVerfGG nennt als Beteiligte die Antragsberechtigten sowie Gerichte, Verwaltungsbehörden, Bundes- oder Landesorgane und schließt damit den normbetroffenen Bürger und die Öffentlichkeit zu Recht aus (C III).

6. Nach drei Richtungen schränkt § 76 BVerfGG die Voraussetzungen aber verfassungswidrig ein:

a) Indem er in Nr. 1 verlangt, daß der Antragsberechtigte die Norm für nichtig hält. Vielmehr begründen auch bloße Bedenken des Antragsberechtigten ein zur Normenkontrolle genügendes Interesse an der Klärung der Rechtslage.

b) Indem er in Nr. 2 verlangt, daß der Antragsberechtigte eine nicht angewendete Norm für gültig hält. Aber damit, daß der Antragsberechtigte die Norm für gültig hält, werden die Zweifel an ihr nicht erheblicher, die Rechtsunsicherheit nicht größer, das Gesetz stellt das Erfordernis unnötigerweise auf (C III 3).

c) Indem er in Nr. 2 auf die Nichtanwendung der Norm auch durch Bundes- oder Landesorgane abstellt. Diese sind aber nur in den seltensten Fällen imstande, eine Norm außer Anwendung zu lassen. Es muß daher die Überzeugung dieser Stellen genügen, die sie in Ausübung ihrer Kompetenzen zum Ausdruck bringen (C III 2 b cc).

Literaturverzeichnis

Adamovich-Froehlich, Die österreichischen Verfassungsgesetze des Bundes, 2. Aufl. 1930.

Anschütz, Die Verfassung des Deutschen Reiches vom 11. 8. 1919, 14. Aufl. 1932.

—, Empfiehlt es sich, die Zuständigkeit des Staatsgerichtshofes auf andere als die in Art. 19 Abs. 1 der Reichsverfassung bezeichneten Verfassungsstreitigkeiten auszudehnen? Verhandlungen des 34. DJT Bd. 2 1927, S. 196.

Arndt, Adolf, Die Nichtigkeit verfassungswidriger Gesetze, DöV 1959, 81.

—, Nochmals: Welche Folgen hat die Verfassungswidrigkeit eines Gesetzes für einen darauf gestützten Verwaltungsakt — angebliche Rückwirkung verfassungsgerichtlicher Entscheidungen, NJW 1959, 2145.

Arndt, Claus, Zum Begriff der Partei im Organstreitverfahren vor dem Bundesverfassungsgericht, AöR 87 (1962), 197.

Bachof, Die Prüfungs- und Verwerfungskompetenz gegenüber dem verfassungswidrigen und dem bundesrechtswidrigen Gesetz, AöR 87 (1962) 1.

—, Reflexwirkung und subjektive Rechte im öffentlichen Recht, Gedächtnisschrift für Walter Jellinek, 1955, S. 287.

—, Bundesrecht als Maßstab im verwaltungsgerichtlichen Normenkontrollverfahren, in DöV 1964, 9.

Baumbach-Lauterbach, Zivilprozeßordnung, 25. Aufl. München und Berlin 1963, 27. Aufl.

Bergmann, Zwischenbilanz zur verwaltungsgerichtlichen abstrakten Normenkontrolle, Verw.Arch. 51 (1960) 36.

Bettermann, Über richterliche Normenkontrolle, in ZZP Bd. 72 (1959) S. 32.

—, Zur Verfassungsbeschwerde gegen Gesetze und zum Rechtsschutz des Bürgers gegen Rechtsetzungsakte der öffentlichen Gewalt, AöR 86 (1961) 129.

—, Verwaltungsakt und Richterspruch, in Gedächtnisschrift für Walter Jellinek, München 1955, S. 361 (zitiert Jellinek-Gedächtnisschrift).

—, Die Freiwillige Gerichtsbarkeit im Spannungsfeld zwischen Verwaltung und Rechtsprechung. In Festschrift für Friedrich Lent, München und Berlin 1957, S. 17.

—, Der Schutz der Grundrechte in der ordentlichen Gerichtsbarkeit, Die Grundrechte III, 2, 1959, S. 779.

Binding, Deutsche Staatsgrundgesetze im diplomatisch genauen Abdrucke, Heft II, 4. Aufl. Leipzig 1914.

Blomeyer, A., Zivilprozeßrecht, Berlin-Göttingen-Heidelberg 1963.

Bonner Kommentar zum Grundgesetz, Loseblatt-Kommentar (zitiert BK).

Bullinger, Der Anwendungsbereich der Bundesaufsicht. AöR 83 (1958) 279.

Dohna, Graf zu, (Referat zum 33. Dt. Juristentag): Zulässigkeit und Form von Verfassungsänderungen ohne Änderung der Verfassungsurkunde. Bericht für den 33. DJT. (1924). In Verhd. des 33. DJT. Berlin und Leipzig 1925, S. 31.

Drath, Die Grenzen der Verfassungsgerichtsbarkeit. In: VVDStRL Heft 9 (1952) S. 17.

—, Die gesetzliche Mitgliederzahl im Bundestag. In Festschrift der Juristischen Fakultät der Freien Universität Berlin zum 41. Deutschen Juristentag in Berlin 1955.

Dux: Bundesrat und Bundesaufsicht, 1963.

Eckl, Der Streitgegenstand im Verfassungsprozeß, Diss. München 1956.

Ermacora, Der Bundesverfassungsgerichtshof .

Eschenburg, Staat und Gesellschaft in Deutschland, 3. Aufl. 1959.

Eyermann-Fröhler, Verwaltungsgerichtsgesetz 2. Aufl. München-Berlin 1954 (VVG).

—, Verwaltungsgerichtsordnung, 3. Aufl. München-Berlin 1962.

Flad, Verfassungsgerichtsbarkeit und Reichsexekution, Heidelb. Diss. 1929.

Forsthoff, Lehrbuch des Verwaltungsrechts Bd. 1, 8. Aufl. München-Berlin 1961.

—, Die Bindung an Gesetz und Recht (Art. 20 Abs. 3 GG), DöV 1959, 41.

Friesenhahn, Über Begriff und Arten der Rechtsprechung unter besonderer Berücksichtigung der Staatsgerichtsbarkeit nach dem Grundgesetz und den westdeutschen Landesverfassungen, Festschrift für Thoma, Tübingen 1950, 21 (zitiert Thoma-Festschrift).

—, Die Staatsgerichtsbarkeit. In Handbuch des Deutschen Staatsrechts, Hrsg. von Anschütz-Thoma, Bd. II, Tübingen 1932, S. 523—545.

—, Die Verfassungsgerichtsbarkeit in der Bundesrepublik Deutschland, in Hermann Mosler: Verfassungsgerichtsbarkeit in der Gegenwart, Beiträge zum ausländischen öffentlichen Recht und Völkerrecht, Bd. 36, 1962, S. 89.

—, Wesen und Grenzen der Verfassungsgerichtsbarkeit, Zeitschrift für Schweizerisches Recht 1954 (nF 73) 129.

—, Parlament und Regierung im modernen Staat, VVDStRL 16 (1961) 9.

—, Der Rechtsschutz im öffentlichen Recht nach dem Bonner Grundgesetz, in DV 1949, S. 478.

Frowein, Die selbständige Bundesaufsicht nach dem Bundesrecht, 1961.

Füßlein, Deutsche Verfassungen, Loseblattsammlung, Frankfurt 1959.

Geiger, Einige Probleme der Bundesverfassungsgerichtsbarkeit, DöV 1952, S. 481.

—, Die Grenzen der Bindung verfassungsgerichtlicher Entscheidungen (§ 31 I BVerfGG), NJW 1954, 1057.

—, Gesetz über das Bundesverfassungsgericht, Kommentar, 1952.

Geller-Kleinrahm-Fleck, Die Verfassung des Landes Nordrhein-Westfalen, 2. Aufl. 1962.

Giese, Die Verfassung des Deutschen Reiches, 8. Aufl. Berlin 1931.

—, Das Grundgesetz für die Bundesrepublik Deutschland, 4. Aufl. 1955.

Goessl, Organstreitigkeiten innerhalb des Bundes, Berlin 1961.

Götz, Der Wirkungsgrad verfassungswidriger Gesetze, NJW 1960, 1177.

Grewe, Die verfassungsrechtlichen Grundlagen der Bundesrepublik Deutschland, Teil II Abschnitt 3 c: Das bundesstaatliche System des Grundgesetzes, DRZ 1949, 394.

Haenel, Deutsches Staatsrecht Bd. I, Leipzig 1892.

Hamann, Aussetzung der Vollziehung von Steuerbescheiden bei verfassungsrechtlich zweifelhaften Steuergesetzen, NJW 1959, 1465.

—, Das Grundgesetz, 2. Aufl. Berlin-Neuwied-Darmstadt 1961.

Henckel, Parteilehre und Streitgegenstand im Zivilprozeß, Heidelberg 1961.

Herzog, Verfassungsgerichtliche und verwaltungsgerichtliche Normenkontrolle, BayVBl 1961, 368.

Hesse, Der Rechtsschutz durch staatliche Gerichte im kirchlichen Bereich, Göttingen 1956.

—, Der unitarische Bundesstaat, Karlsruhe 1962.

Hoffmann, G., Die Verwaltung und das verfassungswidrige Gesetz, JZ 1961, 193.

Ipsen, Grundgesetz und richterliche Prüfungszuständigkeit.

v. Jagemann, Die deutsche Reichsverfassung (Verträge) 1904.

Jellinek, W., Der Schutz des öffentlichen Rechts, Referat VVDStRL 2, (1925) 8.

—, Verwaltungsrecht, 3. Aufl. 1931, 1948.

Jerusalem, Die Staatsgerichtsbarkeit, 1930.

Jürgens, Verfassungsmäßige Grenzen der Wirtschaftswerbung, Verw.Arch. 53 (1952) 105.

Kadenbach, Zur bindenden Wirkung der Entscheidung des BVerfG. In AöR Bd. 80 (1955) S. 365.

Kaiser, Die Erfüllung der völkerrechtlichen Verträge des Bundes durch die Länder, in Z. f. ausl. ö. R. u. VölkerR. Bd. 18, S. 548.

Kalkbrenner, Verfassungsauftrag und Verpflichtung des Gesetzgebers. In: DöV 1963, 41.

Kaufmann, Normenkontrollverfahren und völkerrechtliche Verträge. Gedächtnisschrift für Jellinek, S. 445.

Kelsen, Wesen und Entwicklung der Staatsgerichtsbarkeit, Referat VVDStRL 5, 1929.

Klein, Die Tragweite der Generalklausel in Art. 19 IV des Grundgesetzes, VVDStRL 8 (1950) S. 67.

Koehler, Verwaltungsgerichtsordnung, 1960.

Laband, Deutsches Reichsstaatsrecht, 7. Aufl.

—, Staatsrecht des Deutschen Reiches, 5. Aufl. 1911.

Lammers, Das Gesetz über den Staatsgerichtshof, 1921.

Lammers-Simons, Die Rechtsprechung der Staatsgerichtshöfe für das Deutsche Reich und des Reichsgerichts auf Grund Art. 13 Abs. 2 der Weimarer Reichsverfassung, Teil I—VI, Berlin 1929—1933 (abgekürzt LS).

Lassar, Der Beschluß des Reichsgerichts auf Grund des Art. 13 Abs. 2 der Reichsverfassung, AöR 40 (1921) 98.

Lechner, Bundesverfassungsgerichtsgesetz (zitiert BVerfGG), München-Berlin 1954.

—, Die Verfassungsgerichtsbarkeit, Abschnitt II—V, in: Bettermann-Nipperdey-Scheuner, Die Grundrechte Bd. III, 2. Halbbd., 1959, 658 (zitiert: Grundrechte III, 2).

Lerche, Übermaß und Verfassungsrecht — Zur Bindung des Gesetzgebers an die Grundsätze der Verhältnismäßigkeit und der Erforderlichkeit, 1961.

Maisch, Hat die Feststellung der Verfassungswidrigkeit eines Gesetzes die Nichtigkeit der darauf gestützten Verwaltungsakte zur Folge?, NJW 1959, 227.

Mang, Bebauungsplan und Normenkontrolle, in: BayVerw.Bl. 1961, 273.

von Mangoldt, Das Bonner Grundgesetz, 1. Aufl. Berlin-Frankfurt am Main 1953.

von Mangoldt-Klein, Das Bonner Grundgesetz, 2. Aufl. Bd. I 1957, Bd. II 1959.

Marcic, Vom Gesetzesstaat zum Richterstaat, 1957.

Masson, Normenkontrolle durch den Verwaltungsgerichtshof, in: BayVerwBl. 57, 236.

Maunz, Deutsches Staatsrecht, 12. Aufl. München-Berlin 1963.

Maunz-Dürig, Grundgesetz, Loseblatt-Kommentar 1958 (zitiert MD).

Mende, Empfiehlt es sich, die Zuständigkeit des Staatsgerichtshofes auf andere als die in Art. 19 I MRV bezeichneten Verfassungsstreitigkeiten auszudehnen? Bericht für den 34. DJT. (1927). In Verhd. des 34. DJT., Bd. 2, Berlin und Leipzig, S. 213.

Menger, System des verwaltungsgerichtlichen Rechtsschutzes, Tübingen 1954.

Merk, Verfassungsschutz, Stuttgart 1935.

Meyer-Anschütz, Lehrbuch des Deutschen Staatsrechts, 7. Aufl., München und Leipzig 1919.

Michel, Normenkontrolle durch die vollziehende Gewalt, NJW 60, 841.

Morstein Marx, Art. 13 Abs. 2 der Reichsverfassung und der Streit um die richterliche Prüfungszuständigkeit, AöR 45 (1924), 218.

Müller, H. J., Verfassungswidrige Rechtsverordnungen im gerichtlichen Verfahren, DVBl 1962, 158.

Naumann, Vom vorbeugenden Rechtsschutz im Verwaltungsprozeß. In: Gedächtnisschrift für Walter Jellinek, München 1955, 391.

Nawiasky, Bayerisches Verfassungsrecht, 1923, S. 373.

Nipperdey, Freie Entfaltung der Persönlichkeit, in: *Bettermann-Nipperdey*: Die Grundrechte, Bd. 4, 2. Halbbd., Berlin 1962, 741 (Grundrechte).

Philipp, Die Parteifähigkeit vor dem Staatsgerichtshof bei Verfassungsstreitigkeiten innerhalb eines deutschen Landes, Münster 1928.

Poetzsch, Empfiehlt es sich, die Zuständigkeit des Staatsgerichtshofs auf andere als die in Art. 19 Abs. 1 bezeichneten Verfassungsstreitigkeiten auszudehnen?, DJZ 1926, 1265.

Poetzsch-Hefter, Handkommentar der Reichsverfassung, 3. Aufl. 1928.

Pohle, Verfassungsbeschwerde und Zivilprozeß in Bayern, Festgabe für Rosenberg 1949, S. 145.

—, Anm. zum BGH MDR 1956, 154 (156).

Rädle, Die Beschränkung der Vorlagepflicht nach Art. 100 Abs. 1 GG auf förmliche Gesetze und die Grundlagen dieser Auslegung in kritischer Sicht, Diss. Heidelberg 1964.

Redeker-von Oertzen, Verwaltungsgerichtsordnung, Münster 1960.

Renck, Bundesrecht als Maßstab im verwaltungsgerichtlichen Normenkontrollverfahren, DöV 1964, 1. Zur Verfassungsmäßigkeit von § 76 BVerfGG, JZ 1964, S. 249—251.

Rönitz, Nochmals: Die Aussetzung der Vollziehung von Steuerbescheiden bei verfassungsrechtlich zweifelhaften Steuergesetzen, NJW 1960, 226.

Schäfer, Bundesaufsicht und Bundeszwang, AöR 78 (1952) 1 ff.

—, Verfassungs- und Verwaltungsgerichtsbarkeit, in: Festschrift zum hundertjährigen Bestehen der deutschen Verwaltungsgerichtsbarkeit und zum zehnjährigen Bestehen des Bundesverwaltungsgerichts, 1963, 159.

—, Die Rechtsprechung des Verfassungsgerichtshofs von Rheinland-Pfalz, JZ 1954, 148.

—, Anm. zu VerfGH Rheinland-Pfalz, DVBl 1958, 359, 362.

Schneider, Rechtsgutachten in: Der Konkordatsprozeß Bd. III, München S. 1139.

—, Probleme und Verantwortung der Verfassungsgerichtsbarkeit, DVBl 1952, 293.

Schneider, Rechtsgutachten, in: Der Konkordatsprozeß Bd. III, München 1958, 1022.

—, Staatsverträge und Verwaltungsabkommen zwischen deutschen Bundesländern, DöV 57, 644.

—, Verträge zwischen Gliedstaaten im Bundesstaat, VVDStRL 19 (1961) 1.

Schoen, Die Normprüfung durch den Verwaltungsgerichtshof, Gedächtnisschrift für Walter Jellinek, 1955, S. 407.

Schrupp, Deutsche Staats-, Verwaltungs- und Disziplinargerichtsbarkeit — Wesensunterschiede und Abgrenzung voneinander unter vergleichender Berücksichtigung ausländischer Rechte, 1932.

Schulze, Lehrbuch des deutschen Staatsrechts, Bd. I, II, 1891, 86.

Schumann, Verfassungs- und Menschenrechtsbeschwerde gegen richterliche Entscheidungen, 1963.

Schunck-de Clerk, Verwaltungsgerichtsordnung, 1961.

Stein-Jonas-Schönke-Pohle, Kommentar zur Zivilprozeßordnung, 18. Aufl. 1953.

Stern, Zeit- und Streitfragen zum Verwaltungsprozeß, DöV 1951, 393.

—, Gesetzesauslegung und Auslegungsgrundsätze des Bundesverfassungsgerichts, Diss. München 1956.

Stier-Somlo, Deutsches Reichs- und Landesstaatsrecht, Bd. 1, 1924.

Süsterhenn-Schäfer, Kommentar der Verfassung für Rheinland-Pfalz, 1950.

Thoma, Das richterliche Prüfungsrecht, AöR 43 (1922), 267.

—, Das System der subjektiven öffentlichen Rechte und Pflichten. In: Handbuch des deutschen Staatsrechts, Hrsg. von Anschütz-Thoma Bd. II,
Tübingen 1932.

Triepel, Streitigkeiten zwischen Reich und Ländern. Zugleich ein Beitrag
zur Auslegung des Art. 19 WRV. In: Festschrift für Wilhelm Kahl, Tübingen 1923 (zitiert Streitigkeiten).

Ule, Verwaltungsgerichtsbarkeit. In: Verwaltungsgesetze des Bundes und
der Länder, neu hrsg. von Ule Bd. I 2. Halbbd. 1953.

Volkmar, Allgemeiner Rechtssatz und Einzelakt, 1962.

Weber, Anmerkung zu OG AöR 76, 96, ebd. 103.

Wessel, Die Verwaltung, DV 49, 327.

Winkelmann, Die Rechtsprechung des Bundesverfassungsgerichts zu Art. 80
GG, NJW 1959, 961.

Wittmayer, Die Weimarer Reichsverfassung, 1922.

Wolff, Verwaltungsrecht I, 5. Aufl., München-Berlin 1963.